学校に蔓延《はびこ》る奇妙なしきたり

公立小学校教諭 齋藤 浩

草思社

学校に蔓延《はびこ》る奇妙なしきたり

目次

第2章　思考停止のためのシステム　51

第5章　学校行事に時間をかける理由　117

はじめに——学校はなぜ変化に対応できないのか

今からおよそ一〇〇年以上前、アメリカの教育学者ジョン・デューイは、学校教育のあり方について次のような懸念を示している。

「現在の学校の悲劇的な弱点は、社会的精神に関する諸条件が、とりわけ欠けてしまっているような生活環境の中で、社会的秩序を維持する未来の成員を準備しようと努めていることにある」

本来、学校は社会に出るための準備機関であるべきなのに、そうなっていない現状を憂《うれ》いているのだ。換言すれば、社会状況や時代背景などが変わったとしたら、それに合わせて学校も変わっていかなければならない、ということである。

では、これからの日本の社会状況はどのようなものになるのだろうか。文部科学省は、

「将来の変化を予測することが困難な時代」を迎えるとしている。一〇年後どころか数年後の予測すらむずかしい時代になっているのである。

　子どもたちは、そのような未曾有の状況の中、過酷な社会の大海原に出ていくことになる。きびしい現実を突きつめていくと夢も希望もなくなりそうだが、教育の場にいる者としては否応なく意識せざるをえない前提である。


　猛烈な勢いで変化していく社会の中で、大人は子どものためを思えば思うほど焦るのが普通だろう。何が子どものためになるのか、ならないのか――。だが、学校はいっこうに焦らない。

　決して、子どもたちのことがかわいくないからではない。多くの教員は子どもが大好きという理由で教職を選んでいて、子どもたちのために何かをすることを億劫に感じているわけではない。

　その証拠に、たとえば残業代が定率で定められているのに、時間外の労働を厭《いと》うことがない。小中学校の校舎を見てみると、夜遅い時間まで職員室の明かりは煌々《こうこう》と灯っている。子どもたちのために滅私奉公も辞さないというのが、教員のメンタリティーなのである。

そんな子どもファーストの教員がほとんどの学校が、なぜ時代の変化に合わせて変わろうとしないのだろうか。答えは簡単。社会が変化していることを知らないのだ。

教員は何しろ忙しい。欧米の教員のように、授業を教えていればそれで許されるわけではない。たとえば、生活面での指導も自分たちに課せられた仕事だと考えていて、子どもたちの挨拶ができていなければ、

「ハキハキとした挨拶ができるようにしよう」

ということで、会議では真剣な議論が繰り広げられることになるのだ。話し合いの結果、朝の挨拶運動から始めようということになれば、担当の教員は朝早くから校門に立たなければならない。毎日遅刻するような子がいれば、早寝早起きの習慣を身に付けさせようと躍起になって、ゲームの時間を制限するように担任から説諭することだってある。

考えてみてほしい。これらは、すべてそれぞれの家庭で解決すべき問題である。だが、日本の場合は家庭の躾不足を学校が補っている面が非常に多いのだ。本来、学校が口を出すような分野ではないはずだが、実際には教員の仕事の一環として生活指導までが求められている。

そのうえ学校は本業の学習指導でも年々、忙しくなっている。たとえば二〇一八年には

道徳が教科化され、評価（成績）を付けることが必要になった。子どもたちの道徳心を評価することなど普通に考えて無理な話だとわかりそうなものだが、そんな不可能に挑むことが教員には求められているのだ。

また、小学校でも外国語授業が導入され、外国語を教える免許を持たない教員がなぜか外国語を教えている状況にある。文字どおりゼロからのスタートで、教材研究などにも膨大な時間がかかり、ここでも現場の教員の負担は大きくなっている。

その他にも、「食育を徹底するように！」「プログラミング学習を疎《おろそ》かにしないように！」など、次から次へと教育委員会から指示がくる。

そして教員は、本業以外でも時間を割かれる。もっとも大きいのが、保護者対応だろう。気に入らないことがあると、一部の保護者は容赦なく学校に襲いかかる。

「おまえの対応が悪いから、ウチの子が楽しく登校できないんだ」

「議員と知り合いで、おまえを辞めさせることは簡単なんだぞ」

折に触れそんなことを言われ続けたら、誰だって精神的にまいってしまう。直接会って話をしようと連絡をとっても、

「そんなに話したいのなら、おまえがこい！」

と逆ギレされる始末。本気で対応していたら、時間がいくらあっても足りない。二〇二四年四月、奈良県天理市が保護者対応専門の部署を設置したのも、こんな状況があるからで、教員の時間的負担、精神的負担を少しでも軽減させるねらいである。

実際、学校が忙しい理由を挙げていったらキリがなくなる。教員は目の前の子どもたちと保護者の対応で手一杯なのだ。だから、予測ができない時代が始まっていることも、シンギュラリティの到来も、世界規模で環境が悪化する二〇五〇年問題も、考える余裕などないのだ。

働き方改革と言いながら、学校の業務改善はなおざりで、文部科学省は次から次へとやることを押し付けてくる。そんな状況で、誰が社会との接点を見出せるのだろうか。

もちろん現在でも、子どもたちの未来を憂い、学校をあるべき姿に変えていこうとしている教員もいるにはいる。しかし、学校は変わらない。彼の意見が正しいとは思っても、「たしかに先生の言うとおりなんですが、現実的にはむずかしいんですよね」となってしまう。変わるためには大きな意識改革が必要であり、そのためには職員会議でも理解を共有する必要があり、そこから具体的な改革のプランを確立して運用する必要がある。

そんなに時間と労力がかかるようではとても無理、結局はそういう結論になってしまうのである。

教員がたとえば運動会や合唱コンクールのやり方などを話し合う際、決まって出てくるのが、

「昨年はどうでした？」

というセリフで、要するに前例の確認である。そして、

「昨年もそれで問題なかったのなら、今年も同様でいきましょう」

前例踏襲の流れが、そこから生まれる。社会状況の変化など関係ない。

問題になりやすいのは、逆に何かを変えることのほうである。変えれば当然、時間も労力もかかる。保護者の反応も気になる。

「昨年のほうがよかったので、もとに戻してください」

などと言われたら、それこそ大問題なので、わざわざそんなリスクをおかすことをしたくはないのだ。

それが子どもたちの未来にとって本当のプラスになるのかということより、学校の現状

をなるべく波風立てず維持することが優先されるのだ。利益追求型の組織ではないため、それでも学校は存続できる。そして、存在が脅かされないから、学校は変われないともいえるのである。

唯一、変わることを余儀なくされるのは「外圧」があったときだ。たとえば文部科学省や教育委員会からのお達しがあれば校長も、

「スピード感をもって対応しましょう」

急に変革の旗頭になることがある。

または保護者や地域という「外圧」に応じるかたちで、

「しばらく半日で行なってきた運動会ですが、保護者や地域から『やはり、ぜひしっかり丸一日で』という強い要望がきています。以前の一日がかりでやる運動会に戻しましょう」

運動会の本来のねらいや子どもたちのことなどは二の次で、外部の意見どおりに決まることもある。学校は変わらないというより、「学校からは変われない」と言ったほうがいいのかもしれない。

たしかに保護者が望めば、学校は良い方向にも悪い方向にも変わる余地があることは間

違いない。ただ実際には保護者の側も、刻々と変化する社会状況に対応できる教育など望んではいない。

なぜそこまで言いきれるのかというと、保護者から教員に寄せられる要望の中に、

「どんな社会がやってこようとも生き抜いていけるような、臨機応変に行動できる子どもに育ててほしい」

などというものは、まったくないからである。保護者からの要望のほとんどは、子どもの目先の状況に関することばかりである。

「隣の席の子と気が合わなくて困っています。早くクラスの席替えをするか、ウチの子の席だけでも変えるか、どちらかにしてください」

われわれ教員のもとに届く保護者の要望の多くは、こうした内容だ。多くの保護者にとっては、自分の子どもが元気に登校しているか、友だちに虐《しいた》げられていないかということだけが関心事で、保護者がそうなのだから、学校の側がリスクをおかして変わる必要はなくなる。

とはいえ保護者も、子どもたちが直面するであろう、これからの世界の状況についてはっきりと認識すれば、目の色を変えるかもしれない。そう思って私はこれまで懇談会で

問題提起したり、学級だよりで記事にしたり、いろいろな方法で情報発信をしてきた。

それでも、子どもたちの未来を考えて現在の学校のあり方を見直してほしいという声はごくわずかで、多くの保護者はまったく興味を示さなかった。

子どもたちの未来を憂い、何とかしたいという保護者もいるにはいる。だが、彼らも決してそんなことを学校に要望したりはしない。保護者の会でも声を上げない。何か言えば、

「自分がちょっとインテリだからってねえ……」

他の保護者に足を引っ張られるのがオチだ。だから、こうした保護者は黙して語らずで、ただわが子にたいしては将来を見据えた教育を独自に与えていく。決して学校に波及効果を及ぼすことはないのである。

残念ながら教員の側も、あきらめてしまっているところがある。

「何とか回っているんだから、このままでいいんじゃないですか」

こんなことを言う同僚もいた。たしかに、回っているようには見える。ただ、回っているといっても、子どもたちの成長に本当に寄与しているかを無視したうえでの話である。

学校が社会の流れから取り残されていく現状に、「ムラ社会」と化した学校の構成員は

気づいていない。みんなが狭い範囲での当事者になりすぎて、俯瞰的に見ることができずにいる。

本来なら、もっともグローバルな視点で運営されるべき場所である学校が、小さなムラ社会の理論にからめとられて機能不全を起こしているのだ。そして、学校というムラの中だけで通用する文化や価値観は、これからの社会ではまったく通用しない。このままでいいはずはないのだ。

第1章 校則より多い不文律

どんなに暑くても腕まくりは禁止

ニュースでは時代に合わない校則が頻繁に取り上げられ、いかに学校が旧態依然としているのか、問題提起が繰り返されている。私も非常勤で教えている大学で、学生から信じられないような実態を耳にした。

「私の中学校では、どんなに暑くても腕まくりが禁止でした」

「ポニーテールが禁止でした。うなじが見えて、男子が興奮すると危険だからというのが理由でした」

ちなみに、うなじが見えては危険だと判断していたのは、事もあろうに教頭だったという。御本人に思い当たるような経験でもあったのだろうか。理解に苦しむような実態である。

ただ、子どもたちを縛っているのは、何も校則だけではない。「学校の決まり」として明文化されているのは、学校のルールのごく一部で、多くの学校で不文律として存在する決まりが数多くある。

「暗黙のルールを守らせることで、子どもたちは落ち着いた生活ができる」

そう信じる人々によって脈々と受け継がれ、学校を強固なムラ社会にするのに一役買ってきた決まりごとである。

不文律としてのランドセルとスクール水着

学校には意味不明な不文律が依然として数多く存在する。これからの時代に求められる臨機応変さではなく、意味も考えずに従順にしたがう姿勢を子どもたちに求めているので

ある。学校は深く考えない構成員を好むから、教員の誰かが、
「ランドセルで登校というのは校則には規定がないのに、どうして一年生は高価なランドセルを購入するのですか」

職員会議でそう質問でもしようものなら、即座に煙たがられる存在になるだろう。学校は波風を立てないことを至上の価値としているので、学校のしきたりに疑問を呈する者は異物と見なされることは間違いない。

子どもがリュックサックで登校したいと言ってきたら、
「リュックは遠足のときだけね」

多くの教員がそう答えるに違いない。ランドセルがそこまで便利で快適なのなら、子どもたちはこぞって遠足にも持っていくだろう。しかし、私はランドセルで遠足にきた子を今まで一人しか見ていない。本人は、
「僕はランドセルが一番好きだから」

と言っていたが、まわりの子たちは好奇の目でながめていた。遠足なのにランドセルはおかしい。まるでそう言っているかのようだった。
「学校に登校するときにはランドセルで。遠足にはリュックサックでくるように」

そんなふうに明文化された校則はない。だが、何となくそうするべきだという不文律が、学校には存在しているのである。かつて学校教育を受けてきた保護者たちも、同様の意識を持っている。

スクール水着の着用も、画一化をねらった不文律の象徴である。そもそも、学校ではスクール水着が何なのかという定義はない。だが、帰りの会で、

「明日はプールの時間があるから、スクール水着を忘れないでね」

担任がそう言えば通じるほど、昔から全国的に普及している。

そうはいっても、誰しもオシャレはしたいもの。子ども用でもワンポイントでキャラクターが入っている水着や、ラインの色が鮮やかな水着がある。女子ではキュロットタイプのものやフリルワンピースのような水着まで登場している。調べてみると、どれもれっきとしたスクール水着なのである。

だが、そうした水着を子どもが持ってくるたびに学校は、

「ワンポイントはどこまで認められるのか」

「あれはどう見てもスカートみたいだ。本当にスクール水着なのか」

ハチの巣をつついたような大騒ぎになるのである。

改めて断っておくと、リュックサックで登校しても、オシャレな水着でプールに入っても校則に違反しているわけではない。学校（教員）の側が勝手に、

「えっ？」

と思うだけだ。なぜ疑問に思うのかというと、みんなが同じ物を持ったり身に付けたりするべきという不文律に抵触しているからである。

金子みすゞは「私と小鳥と鈴と」という詩の最後を、「鈴と、小鳥と、それから私、みんなちがって、みんないい」というフレーズで結んでいる。教科書に掲載されていたこともあるので、学校で習った子どもたちも多いはずだ。教えるほうの教員はもちろん、

「物の見方も考え方も、一人ひとり、みんな違っていいんだよね」

そのような話をしたはずだ。多くの教員が理屈ではわかっているものの、いざ指導の場になると校則や不文律で子どもをがんじがらめにしようとする。子どもたちが不文律を無意識に察知して、それにしたがうことが習い性になるのだとしたら、とても危険なことではないだろうか。

説得力のない強引な線引き

そんな不文律にたいして、ときに子どもたちから疑問の声が上がる。

「先生。ランドセルじゃなくて、リュックで登校しちゃダメなんですか……？」

リュックでもいいに決まっている。そもそも、ランドセルの使用は校則ではないのだ。

それにもかかわらず、担任は、

「ふだんはランドセルにしましょうね」

ランドセルメーカーの手先であるかのような回答をしてしまう。

「じゃあ、どうして遠足はリュックでもいいんですか」

子どもから重ねて質問があれば、

「うーん、遠足は勉強ではないからね……」

そんな不可解な回答をすることとなる。学校にはランドセル、遠足の日はリュックという使い分けに論理性など存在しない。だから、教員は説得力ゼロの懸命な説明を余儀なくされるのだ。

これが保護者からの質問だと事態はさらに悪化する。

「先生。校則にはランドセルで登校とは書かれてないですよね。リュックのほうが軽くて、教科書以外にも水筒や折りたたみ傘など、たくさんの物が入ります。ぜひリュックを許可してください」

という要望にたいして、何とか論理的な回答をしようと試みるのだが、うまく答えられるはずがない。学校の不文律は、そのスタート地点からして非論理的だからである。

「一年生のときからランドセルを使っているわけですので、それを六年間使ってほしいと思います」

何とかひねり出しても、その程度。保護者が納得するはずもないが、同じような答えを繰り返す教員に閉口し、結果的に要望が止まるという仕組みである。

とはいえ、こういう質問がくると学校は大あわてだ。関係職員が何人も集まり、その回答でいいのか議論するのだが、そのとき「子どもたちの未来にとって、これでいいのか」ということが考慮されることはない。

スクール水着の着用についても、同様の問題が起こる。保護者から、

「スイミングスクールで着用している水着でもいいですよね」

という問い合わせがよくくるが、即座に「ハイ」と言えない事情がある。なぜなら、競泳用の水着はスクール水着ではないからだ。学校としては、過度に体のラインが強調されるものは避けたいということもある。

さらにいうと、スイミングスクールで着用している水着を体育の時間にも使っていいのなら、たとえばサッカー教室で着用しているユニフォームを体育の授業で身に付けてもいいという理屈になってしまう。そうなると、解釈の幅がどんどん広がり、学校にとって都合が悪いのだ。

現在、競泳用の水着については着用を認めている学校も多いようだが、不文律としての禁止は長年にわたって定着していた。

実際、隣のクラスの担任が、

「体育の時間に、通っているサッカー教室のユニフォームを着るのを許可してほしい」

という要望を保護者から受けたことがある。返事は「ノー」である。

その理由を保護者に説明するにあたっては、この担任ではむずかしいと考えたのか、体育の主任が回答していた。保護者からの電話をいったん切り、考えに考え抜いての再度の連絡である。

「サッカーのユニフォームを許可してしまったら、野球のユニフォームも認めないわけにはいかなくなります。そんなことをしていったら、指定体操着の意味がなくなります」

非論理的な説明に業を煮やしたのか、保護者は通話を切った。サッカーや野球のユニフォームだって、運動に適した素材でできている。なのに、まわりと違う服装で体育の授業に参加するのはスタンドプレーだと学校は判断したのだ。

たびたび不毛なやりとりが繰り返されるうちに、学校側は、

「保護者からの問い合わせにはこう回答しましょう」

という想定問答集まで用意するようになってきている。学校はどこを向いて仕事をしているのかと思わざるをえない。

「例年どおりで」という思考停止フレーズ

二〇二四年、日本時間の五月一日。メジャーリーグのダイヤモンドバックス対ドジャースの一戦。私は大谷翔平を目当てにテレビのスイッチを入れたのだが、開始予定時刻を過

ぎても試合はいっこうに始まらない。

遅延の理由は、バックネットの上段に蜂が大量発生しているのが見つかったから、というものだった。試合開始予定時刻から一時間が過ぎたあたりだろうか、ようやく駆除業者がカートに乗って球場に登場すると、慣れた手つきで難敵を一網打尽にした。

私が驚愕したのは、その後のことだ。何とこの駆除業者の彼が、当日の始球式に登場したのである。

しかも、サプライズはこれで終わりではなかった。ニュースによると、急遽彼のベースボールカードが発売されることになり、しかもランダムで直筆サイン入りの当たりカードも封入される仕様だったという。

この臨機応変な対応に、私は感嘆するしかなかった。比較してもしかたがないのは重々承知しているが、「例年どおりでいきましょう」を合い言葉に何年も変化に対応できずにいる日本の学校とは、あまりにも違いすぎる。

最大の違いは、目標を達成することにベクトルが向いているか、いないかという点だ。メジャーリーグは、球場に足を運んでくれた観客をいかに楽しませるかを全力で考えて、トラブルに対応した。観客の多くは試合の遅延に閉口していたはずだが、球団が用意した粋なサプライズに待ち時間の退屈さを忘れ、一風変わったエンターテインメントを楽しんだことだろう。

つまり、彼らは予想外の状況に陥っても、「観客を楽しませる」という目標から目線をそらさずに使命を果たしたのだ。一方、現在の学校は本来の目標そのものを見失っているように思える。

そもそも、学校のベクトルはどこに向いているべきなのだろうか。そんなものはあえて問うまでもない。なのに、学校は子どもの未来のために物事を決定しているとはとても思えない。理屈としては理解しているのかもしれないが、いざ運用をする段になると「例年どおりで」という言葉が出てしまうのだ。

「ランドセルなんて、今の時代に合わないのではないか」

「水着を指定することで、どんな力が身に付くというのか」

学校が自問自答してきた歴史があれば、現状は大きく違っていたはずだ。だが、実際にはたびたび問題提起されてはじめて、

「ランドセルや水着の見直しもありなの？」

こう考えはじめている学校も少なくないはずである。

以前、ある校長がこんなことを言っていた。

「学校には学校として積み上げてきた文化のようなものがあるのです」

だが、現在の学校に残っている不文律の多くは、積み上げてきた伝統や文化としての価値などはなく、むしろ、ろくに考えてこなかった惰性の歴史を証明するものではないだろうか。

新しい時代に漕ぎ出す子どもたちを育てるためには、むしろ過去の遺物のような決まりごとを捨て去る勇気も必要である。社会の変革スピードは、過去が無になるくらいの速さで進んでいるのだ。

敵視されるキャラクター文房具

キャラクターが入ったノートや文房具を、校則で明記して禁止している学校はないだろう。だが、実際に文房具類を購入するにあたっては、

「なるべくキャラクター入りのものは避けましょう」

といった指針を学校が出しているケースが多々ある。なぜキャラクターものがダメなのかというと、それらを授業中に見ることで、子どもに落ち着きがなくなるという理屈である。

これはどう考えても、キャラクター文房具への冤罪ではないだろうか。はっきり言えば、落ち着いている子どもはどんな文房具を所持していても落ち着いているし、落ち着きがない子どもは何を持っていても落ち着かない。キャラクターの有無に左右されることなどないはずだ。だが、学校は不文律として、キャラクターものを敵視する。

一度キャラクターものを認めてしまうと、予想もしない範囲にまでそれが広がってしまうのではないかという危惧を学校は抱いているのだ。残念ながら、現在の学校は子どもに自由裁量を認めることを極端に嫌っていて、確実に管理可能な範囲でのみ子どもたちに「自由」を与える傾向がある。

こうした、いわば条件付き自由が子どもたちの判断力を奪う結果になることは容易に想像できる。未来の予測が困難どころか、予測すること自体も無意味かもしれない時代がやってくる。その混沌とした時代を生き抜くには、学校もできるかぎり禁止事項を減らし、子どもたちが自由に判断する経験を積み重ねさせることが重要ではないだろうか。

子どもには正しい判断ができるように訓練する場が必要で、学校こそはそういう場所であるべきなのだ。だが、学校は真逆の場所になってしまっている。子どもに判断させることでワガママな人間に育つという先入観があるせいだ。

以前、ある校長に、

「学校生活の持ち物くらい、子どもたちに決めさせましょう」

と提案したところ、強く拒否されたことがある。理由は、

「何でも子どもにまかせると、逸脱がどんどんエスカレートしていく」

というものだった。

「私たちが育てた子どもを信用できないようでは、みずからの教育力を否定することになってしまうのではないですか」

さらに問いただしたが、明確な回答はなかった。本音を言えば、子どもたちをそこまで信用することができない、ということなのだろう。

だから、キャラクター入りの持ち物は認めないということになる。ただ、そんなことは格好悪くて校則には書けない。だから、不文律というかたちで残っているのだろう。

このように考えていくと、学校生活のいたるところに存在する不文律は、「子どもを信

用してまかせることはしない」という教員側の秘めた決意の表れにも思えてくる。学校の中心はもちろん子どもであるべきなのだが、学校というムラ社会において子どもは、ムラの規律を乱す異物でもあるということなのだ。

「学校の主役は、みなさん一人ひとりです」

朝会のたびにどの校長も口にしていそうなセリフだが、本当にそうであればキャラクター文房具の禁止などという不文律は不要である。そんなことは、子どもたちが決めればいいからだ。だが本音では、

「たしかに学校の主役は、みなさん一人ひとりです。でも、みなさんにはまだ判断できないことがたくさんあります。そのために、われわれ教員がいるのです。われわれはみなさんが困らないように正しい判断を行なっていきます」

というところなのではないだろうか。

ただ、どんな文房具を使うのかさえ子どもに判断させないような環境で、大小さまざまな課題に対応できるような人間を育成できるのだろうか。子どもたちは否応なく狭いムラ社会を出て、グローバルな環境で生きていく存在なのだ。

正門前の店でのみ買い食い許可

個人でノートや文房具を購入するときにはキャラクター入りのものを避けるように指示されることがあるのに、学校から一律に配布されるノートにはポケモンやドラえもんなどのキャラクターが入っている場合がある。

同じキャラクター文房具なのに、学校から配付される場合は問題にされないのだ。ポケモンやドラえもんであれば、生徒指導上も悪影響を与えないとでもいうのだろうか。

一つ考えられるのは、それが「学校の管理下」にあるかどうか、ということである。キャラクターが入っているかどうかが問題なのではなく、それを学校が認めたうえで使っているかどうかという点が問題なのだ。

ここからわかることは、判断の中心が子どもではなく学校側にあるということだ。

これは私の長男が通っていた高校のケースだが、学校説明会に顔を出すと、生徒指導の先生が校則について詳しく説明していた。おおむね納得できるものだったが、買い食いについての説明だけは首をかしげざるをえないものだった。

「高校生といえども、買い食いはダメです」

時代に即していない部分はあると思うが、まあここまではいい。だが、次のセリフには耳を疑った。

「ただし、高校の正門前の商店での飲食だけは認めます」

まさか商店主との個人的なつながりがあるわけではないのだろうが、こうした恣意性は、学校というムラ社会でのみ通じる独特の価値観である。もちろん、校則で定められているはずもない。

おそらくは、この高校で長年にわたって守られてきた不文律で、とはいえ誰かが教えなければ絶対にわからないルールなので、周知の徹底をはかるべく保護者を集めての説明会で告知したに違いない。

もし知らずにコンビニで買い食いしているところを見つかったら、

「どうして、〇〇商店で食べないんだ？」

そんな、不条理きわまりない注意を受けることになるのだろうか。

そもそも校則の存在理由は「子どもたちが快適な学校生活を送れるようにするため」であるべきだ。ところが学校は校則だけでは飽き足らず、多くの不文律まで取りそろえて子どもたちを縛ろうとする。それが学校にとっては楽で都合がいい方法だからだ。

校則を守らせる際には、

「学校の決まりにちゃんと載っているじゃないか」

と言える。不文律については、

「ウチの学校では今までずっとそうやってきたんだ」

と言える。

それぞれの教員が子どもたちに「私はこう思う」と自分の言葉で伝えて納得させるのではなく、頭ごなしの規則を使って管理しているのだ。このやり方ならば、個々の教員が矢面に立つことはない。「学校組織としてそうなっている」と言われれば、子どもたちには反論する相手がいない。

個人の集合体である学校を絶対的な権威に見立てて、その権威者が発動したルール（ここでは不文律）にもとづいて子どもたちをコントロールしていく、という構図である。

だから、教員は無意識のうちにではあろうが、学校というムラ社会の秩序を守るために子どもたちの持ち物についての指導をしていることになる。これからの時代に必要なのは、創造力や臨機応変さだと頭では考えていても、結局、決まりごとに無条件でしたがう従順さを求めているのだ。

こんなことでは、予測困難な事態に対処できる力など育つはずがない。学校がそこに目をつぶり続けるのなら、「社会に出るための準備機関としての学校」という立ち位置は根本から崩れてしまうのではないだろうか。

「余計なことをしないようにね」

大切なのは、子どもたちが自分で正しい判断ができる人間に育っていくことだ。文房具にどんなキャラクターが入っていても気が散らない子どもは、気にせず好きなキャラクターの文房具を購入すればいい。キャラクターが気になって勉強に集中できない子がいるとしたら、無地のノートにすればいい。

「そんなことを、子どもが自分で決められるはずがない」

と言う大人がいるかもしれないが、ではいったいいつ、どのタイミングで子どもに自己判断する機会を与えればいいのだろうか。できる、できないではなく、自分で考えて判断する機会を小さなときから与え、少しでも正しい判断ができる人間にしていくことが大切なのである。

判断を誤ることもあるだろうが、大小さまざまな失敗を繰り返しながら大きくなっていけばいい。むしろ失敗することこそ、子どもには必要なのだ。

学校に細かな校則や謎の不文律が存在することによって、日本の子どもたちはその力を大きく削がれてきたと私は考えている。つまり、余計なことをしたら怒られるから、指示があったとき以外は何もしないという習慣を身に付けてしまったのである。

あるとき、一人の児童が私のところにやってきた。児童指導専任としての立場を知ったうえでの訪問である。

「先生。黒板を消したら、担任の先生に怒られちゃった」

事情を聞いてみると、その子は黒板係ではないのだから、他の子の仕事を奪ったことになるのだと注意されたのだという。その担任は最後に、

「余計なことをしないようにね」

と釘を刺したそうだ。

黒板係だけに黒板を消す資格があるのだとしたら、係が休んだり自分の役割を忘れたり

したときに、誰も黒板をきれいにしないことになる。実際、この児童は消されず汚いままの黒板を見て、進んで黒板をきれいにしたのだ。だが、それが「余計なこと」だと言われてしまった。

私はこの児童に、黒板を消したのは決して余計なことなんかではないと伝えたが、おそらく二度と進んで行動しないに違いない。自分で考えて進んで動くことは悪だと教えられてしまったからだ。

もしかしたら、学校における最大の不文律は、「先生の許可なく余計なことをしない」ということなのかもしれない。これでは小さなムラの掟を守ろうというメンタリティーは育っても、自分で考えて動く人材は育たない。

冬でも半袖・短パンという不条理

学校には根拠のない迷信のような価値観が残っている。その一つが、「薄着で遊ぶ子はいい子である」

というもの。異を唱える教員もいるかもしれないが、そう考えないと体育の時間に半袖・短パンが推奨されることの説明がつかない。

「いや、ウチの学校では寒い日には上着の着用を許可していますす」

そんな反論が聞こえてきそうだが、許可しているという言い方にすでに問題がある。寒いならどうすればいいか、主体的に子どもに考えさせるのが教育の役割だ。いちいち担任の許可をとっていたら、子どもたちの判断力は永遠に育たない。

不思議なことに、体操着にまつわる不文律は非常に多い。今まで赴任してきた学校でかならず話題になったのが、体操着を着る際に下着を身に付けてもいいかということである。そんなことはどちらでもいいはずだが、会議では頻繁に議題になるのだ。

「下着を身に付けていると、汗をかいたときに風邪を引いてしまいます」

「体育の時間に下着を脱ぐように指導すれば、セクハラになりかねません」

こんな堂々めぐりの議論が続くのだ。そもそも、子どもといえども一人の人間なのだから、下着を着るかどうか指示するのは行きすぎである。

体操着の上に着る防寒着も議論の対象になる。よく聞くのが、

「ファスナー付きの防寒着は禁止にしましょう」

という意見だ。運動しているときにファスナーが本人や他の子どもに当たったら危険だというのだ。

たしかに、何かの拍子にファスナーが当たることもあろうが、それはきわめて稀有な例であろう。それなら、どうすれば安全なのかを子どもが自分で考えればいい。それに、もしファスナー付きの上着がそれほど危険なものなのであれば、休み時間や登下校時でも着用を制限するべきである。だが、そんな制限は聞いたことがない。

極めつきは、女子のスパッツの扱いである。学校の会議では、スパッツの定義から始まる。まず、登校時に着用しているタイツはスパッツではないということになる。したがって、タイツは体育の時間には脱がなければならない。

またスパッツと称されるものの中でも、肌にぴったりと付いていないものは体操着とは認められない。それは私服の一種として解釈すべき、というのだ。

女子のスパッツにはさまざまな種類がある。延々と議論をしたあげく、

「ケースごとに見ていきましょう」

やむなく折衷案で落ち着くのだが、そもそも、なぜ体育の時間にタイツだといけないのかという論拠さえ存在しない。

要するに、学校は冬でも半袖に短パンで通し、インナーも身に付けていない子どもが好きなのだ。おそらく、学校の不文律に従順な子どもは誰なのか、一瞬で見分けがつくからだろう。

一方、指導する教員のほうはというと、冬場は当然ながら厚着を重ねている。何とも奇妙な光景である。まれに真冬でも半袖で体育の指導を行なう教員を見かける。その理由を聞いてみると、

「子どもたちも半袖で頑張っているので、自分も同じ服装にしようと思いました」

誇らしげに答えてくる。どんな格好をしようと個人の自由なので止める気はないが、みんなで寒さをこらえて授業をしている様子は奇異なものである。

学校の責任を問われないかぎり……

なぜ冬場の体育の時間の服装について、我慢大会のような価値観が残り続けているのだろうか。答えは、保護者の指摘を受けたり、社会の目に晒されたりしていないからである。

他方、熱中症に関する社会の目はかってなくきびしくなってきている。運動会の練習をしていても、

「あんなに暑い中で、子どもたちは大丈夫なんですか」

地域の方から心配や非難の電話を受けることがある。実際、熱中症によって命を落とす事例が毎年のように起こっているから、学校としても、一五分に一回程度は給水休憩をとったり、高温の場合は体育の授業を中止にしたりと、健康管理に余念がない。命に関わることであれば、学校も従来の慣例を見直さざるをえないのだ。

逆に言えば、冬場の軽装については命に関わるほどではないから問題にされることがない。学校の責任が問われないかぎり、脈々と続いてきた不文律を改めるつもりはないのだ。

たとえばマスコミがこぞって、

「冬場に子どもたちに、あんな薄着で運動をさせる意味はあるんですか」

などと問題提起し、それが社会問題化したら、学校はすぐに不文律を改めるに違いない。学校として明確なポリシーがあるわけではないから、責任問題になりそうになったら、さっさと訂正するはずである。

服装や外見にとどまらず、学校には非論理的な不文律が多数存在する。

「廊下は静かに右側を歩きましょう」

というのもその一つだが、そのときどきの状況を無視して廊下をどう歩くかまで規制することには疑問が残る。思いきって、

「学校内では状況判断しながら生活しましょう」

想定される数多くの場面ごとに、子どもたちに考えさせるようにしたらいいのではないか。そのような教育観こそ、激動の時代に臨機応変に対応できる子どもを育てる手立てになると考えている。

学区外へのお出かけ禁止の謎

学区外へのお出かけ禁止が不文律になっている学校も多い。それほど遵守すべき規則であるとすれば、塾に通う子どもたちも学区内の塾にしか行けないことになる。

以前、保護者から質問があったとき、

「塾は例外です」

学校はあっさりと、そのように回答していた。塾以外にも病院、親戚の家など、必要があって学区外に出かける場合もあるはずだが、依然として学区外に出るなという決まりが残る学校は多いという。

そもそも、なぜ学区外へのお出かけが禁止なのだろうか。何人かの教員仲間に聞いてみたが、

「学区外に出かけて事故に遭ったら大変だから……」

「学区外で何かあっても学校が対応できないから……」

現在の学校の体質を象徴するかのような答えであった。冬の体育の時間に半袖・短パンを奨励することと同じで、まったく論理性がない。学区外に出かけると事故に遭う確率が上がるわけはないのだが、ありえない事態を想定し、

「とりあえず、禁止にしておこう」

安易にそうなっているのではないだろうか。はっきり言って、放課後の生活について学校は管轄外なのだし、過干渉もはなはだしいと思う。

学校の役割を再定義するためのキーワードである「学校のスリム化」に関する議論では、子どもの教育における学校、家庭、地域の役割分担を見直し、生活習慣の躾など子どもの

教育に関わる何から何までを学校に期待する過度の学校依存を改善しようという方向性が明確に示されている。

その「学校のスリム化」をめぐる議論に完全に逆行する規則を、多くの学校が依然として守り続けているのだ。時代遅れもはなはだしい。

放課後、どこに出かけようが、それは子ども本人や家庭の判断である。どのような服装で体育に参加するのかも、私は本人や家庭の判断に委ねるべきだと考える。

何をすればいいのか、してはいけないのか、何もかも学校側で判断するような前提になってしまっているから、

「先生。どうすればいいんですか……？」

自分で考えれば答えがわかるような質問が子どもや保護者から相次ぎ、電話を切るたびに対応した教員が、

「そのくらい、自分で考えられないのかな」

愚痴をこぼすという光景が繰り返されるのである。

学校もそろそろ、明確な論拠にもとづいて運営される組織に変わるべきだ。学校が指示する場面、決して踏み込んではいけない場面を整理し、迷信のように残っている謎の決ま

りを一掃すべきときなのだ。

学校が子どもに関するすべてを丸抱えすることなど不可能であり、また子どもたちの未来を見据えたときに、それはまったく無意味なことであると思う。古いムラ社会のしきたりを守るような感覚はもう捨てたほうがいい。

第2章　思考停止のためのシステム

根強く残る子どもへの不信感

校則の見直しは、学校にとっては大問題である。なぜなら、それは学校での主導権を子どもたちに握られてしまうことにつながるからだ。

文部科学省が定める生徒指導提要では、校則の運用・見直しについて、

「校則の在り方は、特に法令上は規定されていないものの、これまでの判例では、社会通念上合理的と認められる範囲において、教育目標の実現という観点から校長が定めるものとされています」

とある。学校側が認めなければ校則は見直されないようになっているのだ。根底にあるのは、

「子どもに判断を委ねて、とんでもない校則になってしまったら困る」

という危機感ではないだろうか。子どもにたいする信頼感などゼロに等しい。本来であれば、自分たちが教育にあたってきた子どもたちなのだから、よりよいルールを編み出してくれるはずだと信じるべきである。仮に不十分なルールになったとしても、運用していく中で気づいて、適宜修正していけばいいのだ。

校則の見直しも教育の一環としてとらえるくらいの懐の深さが、これからの学校には求められる。ルールの見直しを通して不完全なものをより完成形に近づけていく、そのプロセスを体験していくことは、子どもたちの未来にとって確実にプラスになるはずなのだ。

実際、結果などどうでもいい。校則を見直すプロセスで必要とされる思考力や判断力、表現力などの獲得こそが重要なのだ。そこを見誤ってはいけない。

なぜ子どもに名札が必要なのか

新たな小学校に赴任するたび、私は子どもたちの名札を撤廃するように学校に求めてきた。

一つには、名札で服に穴が開いてしまうからで、そんなことを子どもたちに強制すべきではないと考えるからだ。そしてもう一つの理由は、名札をつける時間がもったいないとも感じるからである。

特に小学校の低学年では、自分で名札を付けるのに四苦八苦する子どもが多くいる。朝からそんなことに時間をかけるくらいなら、名札なしで元気に遊んだほうがいい。名札の着用を学校生活の必須事項にするメリットは、あまりないと私は考えていた。

だが、名札着用のルールを擁護する人たちはどの学校にも多くいて、その意見は私にとってはときに奇想天外なものであった。

「名札があれば、何か悪いことや良いことをした場合に、すぐに名前がわかるじゃないですか」

名前を確認するために名札が必要だというのである。子どもたちの上履きにも記名させてあるので児童の名前はわかるはずなのだが、

「もし上履きに書かれていなかったら、わからないので……」

とにかく名札ありきと言わんばかりの反論が返ってきた。

そもそも世界の学校を見渡してみても、名札の着用がスタンダードなのかというとそんなことはない。多くの国で、子どもたちは問われればきちんと自分の名前を言うように教育されている。名札を見て名前を把握するのではなく、コミュニケーションを通して相手の名前を知るべきだという考え方なのだ。

そのほうが、はるかに望ましい人間関係のように思えるのだが、あるとき、

「もし廊下で倒れていたら、本人は話せないじゃないですか」

驚愕する答えが返ってきた。万が一、子どもが意識をなくして倒れていたとしても、その学校に通う子どもであれば、誰かが間違いなくクラスや名前を知っている。それでも、

「やはり最悪のケースを考えて、名札は残すべき」

そんな反論が返ってくるのだ。一般の感覚からすると、名札の撤廃などたいした問題には思えないかもしれないが、学校にとっては大問題なのである。

そんな学校がようやく重い腰を上げたのは、文部科学省が掲げた、「学校を取り巻く社会環境や児童生徒の状況は変化するため、校則の内容は、児童生徒の実情、保護者の考え方、地域の状況、社会の常識、時代の進展などを踏まえたものになっているか、絶えず積極的に見直さなければならない」という方針によってである。多くのメディアで理不尽な校則について取り上げられたこともあって、

「われわれも変わる姿勢を見せなければ……」

ようやく、校則を見直すポーズだけでも見せるしかなくなったのだが、現場は大騒ぎになった。

「どこまで子どもにまかせたらいいのか」

学校での議論は、残念ながらそんなところから始まっている。どこからなんて、どうでもいい。原則として、すべて子どもにまかせるべきなのだ。正しい判断ができるように教育をしてきているのだから、安心してまかせればいい。

だが、昨今の校則の見直しの機運が下火になれば、学校は簡単にもとの状態に戻ってしまうだろう。私が見るところ、現在の学校は、

「文科省に言われたから、やればいい」

という感覚で校則の見直しをやっているとしか思えないからだ。実際、名札の撤廃すらむずかしい。メディアでは、髪型や服装に関する校則に話題が集中しがちなので、それ以外については、

「このままで問題ないでしょう」

となり、全体的な見直しは遅々として進まない。校則を見直して何か嫌な思いをするくらいなら、現状維持で問題ないのだ。そう。何もしなければ、たしかに短期的には問題は起こらない。だが校則の見直し程度のことすら学校が決定権を独占しているようでは、変化に臨機応変に対応できる子どもなど育つわけがない。

規則がないと学校は荒れるのか

もう少し名札の問題にこだわりたい。仮に名札を付けなくてもよいことになれば、子どもたちは名札が忘れ物になることがなくなり、クラスの担任もいちいち名札の着用を

チェックしなくてすむ。一挙両得なのである。

だが、学校は想像をたくましくして恐れるのだ。

「名札を撤廃してしまったら、その次に何が待っているのか……」

これまでそうした経験がないから、子どもたちに主導権を与えたらどうなるのか、ネガティブな想像をしてしまうのである。

前述のとおり、私はこれまで名札の撤廃を何度となく学校に提案してきた。そしてじつは一度だけ職員会議で提案が受け入れられ、子どもたちの会議で最終決定しようという流れになったことがある。

子どもたちが決めるのだから、こんなに面倒な決まりは簡単になくなるものだと思っていた。だが、結果は予想とは反対のものであった。

「誰かが悪いことをしたとき、名札があれば……」

驚くべきことに、職員会議での反対意見と同じようなことを言う子どもが、各クラスに多数いたのだ。

多数決の結果、九割を超えるクラスで名札はあったほうがよいという結論が出た。そうなった理由は明白だった。事前の学級会の段階で、各クラスの担任が子どもたちの話し合いに介入したのである。

子どもたちが言うには、どのクラスでも名札は不要だという意見が多く出たという。だが、ここで担任が介入してしまった。

「みんな。名札はいらないって言うけど、本当にそれでいいのかな？」

着地点を暗に示した誘導尋問である。担任にそう問われれば、

「やっぱり名札は必要だと思います」

子どもたちのほとんどは、大人の意を汲んでそう答えてしまうだろう。子どもにまかせるはずが、結局は担任が議論の方向を決めてしまったのだ。学校全体で結託してそうした方向に持っていったわけではないのだろうが、自発的に多くの担任が同じような動きをしたのである。

教員のほうは決して、悪気があってそうしたのではない。ただ教育界には、子どもを規則で縛らないと学校が荒れるという思い込みがある。新採用教員はそうした感覚がなくても、学校の体制がそうであれば、やがて同様の思い込みを持つにいたるのだ。

学校というムラ社会に残る価値観は、行政の側からの強烈な指導でもないかぎり、これからも残り続けることだろう。

「いざというときには、誰が責任をとるのですか」

二〇年ほど前の話になるが、名札撤廃の議論の過程で、

「それで、いざというときには、いったい誰が責任をとるんですか」

ある教員から非難がましい質問を受けたことがある。責任ならもちろん学校長がとるに決まっている。だが言外に、

「言い出しっぺの先生が責任をとるべきなんじゃないですか」

不穏なニュアンスが含まれているのを感じた。別にその教員に火の粉が及ぶわけではないと思うのだが、当時、児童会の担当だったその教員にしてみると、

「いらぬ責任を背負わされようとしている」

面倒が増えることへの危惧が、そんな言葉になって表に出たようである。

何しろ教育現場では、誰も責任をとりたがらない。リーダーが、

「最後は俺にまかせろ！」

という姿勢であれば教職員も安心なのだが、学校長の多くが、

「どうか、揉めごとだけは起こさないでくださいね」

はじめから腰が引けているので、教職員もその姿勢に追随して学校に事なかれ主義が蔓延するのである。ひどい場合だと、教員が保護者とトラブルになったとき、彼を助けるどころか、

「ああ、どうして保護者を怒らせるようなことを言ってしまったのですか」

理不尽に教員を追及してくることもある。

「私は状況がよく理解できないので、ご自分で何とかしてください」

対岸の火事とばかりに突き放された若手教員の話も耳にしたことがある。このような環境では、怖くて新しいことに挑戦しようなどとは思えない。多くの学校で、前例踏襲・前年度踏襲が合い言葉になるのは、そうした理由によるところが大きい。

もちろん、学校長がリーダーシップを発揮できないのには理由がある。教育現場では教員が管理職になるシステムだから、組織のマネジメントを学んだエキスパートが学校を運営しているわけではない。校長にはそもそもノウハウがないのだ。

教員だった時代に、なるべく穏便にすませようという価値観に染まっていた人間が、役職に就いたとたん、

「大胆に行きましょう」

と豹変すると考えるほうがおかしい。仮に思いきった改革をしようとしても、何か問題が起きたときに頼る相手もいない。教育委員会にも相談しにくいだろう。自分の無能さをアピールすることになるからだ。

このような事情から、学校では上から下まで「なるべく新しいことをしないように」「事を荒立てないように」という文化が根づいてきた。責任をとらないというよりも、責任を問われるようなことには、なるべく関わりたくないという姿勢である。

だから、校則の見直しなど本来はもってのほか。何がどうなるのかわかったものではないから、なるべくなら避けて通りたいというのが本音だろう。はたして、子どもたちの数十年後の未来を考え、学校のルールを見直している学校がどれほどあるのだろうか。

髪型の乱れは心の乱れ？

校則の見直しにあたっては、多くの学校で、

「ツーブロックの髪型は是か非か」

が議題となっている。メディアでよく取り上げられる話題を持ち出して、時流に合わせた改革を展開しているというアピールをするためである。

そもそも、なぜ学校は子どもたちの髪型に目が行くのだろうか。それは、単純にわかりやすいからだ。子どもたちの心の中は目に見えないが、髪型は目につきやすく、具体的な形としてそこにあるものなので指導しやすいのだ。

誰が見ても一目瞭然だから、どこかのクラスにだけ変わった髪型の子どもがいると、

「先生のクラスだけ放置されているのは困ります」

担任は同僚の教員からも叱責を受けることになる。同僚と良好な関係を築くためにも、髪型の指導は必須事項となるのだ。

少し前に話題になったツーブロックについて、大学で教えている学生たちに聞いたところ、驚くことにほとんどの学生が、

「高校時代にツーブロックは禁止でした」

と答えた。

ツーブロック禁止は昔からある校則というわけではなく、わりと最近誕生した規則だ。

二〇二〇年三月一二日のことになるが、東京都議会予算特別委員会において、ツーブロック禁止の理由について、教育長が次のように答弁している。

「外見等が理由で、事件・事故に遭うケースがあるため」

まったく非論理的な話である。

「ツーブロックだと就職に不利だから」

学生に尋ねてみると、そんな理由を挙げていた学校もあるようだ。ただ、もちろんツーブロックかどうかが企業の新規採用に影響するというデータはない。ツーブロックにしていたため、誰かに絡まれたという報告も聞かない。

ツーブロックは以前から存在した。現在の校則のとおりだと、漫画「サザエさん」に登場するタラちゃんも音楽家の故・坂本龍一氏も問題の髪型をしていたことになる。だが、彼らの髪型に異を唱える教育者など存在しなかった。

だが、学校によっては堂々と校則で禁止しているのである。学校という組織は強固な同調バイアスで成り立っているため、

「あの髪型はちょっとよくないよなあ」

誰かの発案にまわりが同調して、校則として定着していったものと考えられる。その証

拠に髪型のルールについて大学の学生に詳しく聞いてみたところ、出身県によって相当な差があることがわかった。

きちんとしたデータがあるわけではないから断言することはできないが、ツーブロック禁止といった根拠のないルールほど、ムラ社会の空気によって決まるのだと感じずにはいられなかった。

あっさり撤廃された「ツーブロック禁止」

多くの学校で目の敵にされてきたツーブロックであるが、都立高校は「ツーブロック禁止」などのブラック校則について、二〇二二年四月に全廃している。

都立高校の先生たちが進んで撤廃したわけではない。東京都教育委員会が「理不尽」「不合理」と批判され、社会的に問題になっていた校則を調査した結果、次の六項目について、その必要性を点検するように各校に通知したからだ。

○生来の髪を一律に黒色に染色
○頭髪に関する届出の提出
○ツーブロックを禁止する指導
○登校しての謹慎（別室指導）ではなく、自宅謹慎を行なう指導
○下着の色の指定に関する指導
○高校生らしい等、表現があいまいで誤解を招く指導

学校は教育委員会が出てきたらお手上げだ。「必要性を点検」するとは、必要でなければ撤廃するように、という意味だ。

頭髪に関する届出の提出は一部の高校で残ったようであるが、残りの校則はたちまち東京都から消えてなくなった。行政の指導で簡単に消えるのだから、もともとそんなものは必要なかったのである。

この変わり身の早さはいったい何だろうか。多くの学校では、かたくななまでにツーブロック禁止の指導をしてきた。それでも、ツーブロックの髪型にしてきたらどうなるのか、学生たちに聞いてみると、

「直すまで教員に呼び出される」

という回答がもっとも多かった。そこまで執心してきた指導なのに、たった一枚の通知でコロッと方針を変えたのである。実際にはたいした信念などなかったのだ。

東京都教育委員会は、ブラック校則見直しの理由について、二〇二二年四月から実施される新学習指導要領に「生徒の主体性を重んじる」という趣旨の内容が書かれていることを理由に挙げているという。だが、これも言い訳に過ぎまい。それ以前の学習指導要領にも、生徒の主体性を重視するという記述はいたるところに見られるからだ。

実態はこうだろう。ツーブロック禁止などという馬鹿げた校則をナンセンスだと考える教員は、本当はかなり多くいたはずだ。だが、彼らは生徒のために声を上げようとはしなかった。禁止容認派の教員を敵に回すことが面倒だったからだ。もしかしたら、校長みずから禁止を推進していたのかもしれない。校則は最終的には学校長の判断に委ねられるからだ。

要は、学校内での自浄作用が働いていなかったということだ。いかにも、学校というムラ社会で見られそうな構図である。世間の目がきびしくなり、外圧にしたがうかたちで改革が行なわれたわけだが、こうした周囲の目を見て動くような態度は、教育上もっとも避けるべきことの一つではないだろうか。

学校は社会に出るための準備機関で、学校こそが自立した姿を子どもたちにも示さなければならないのに、まったく逆の姿をあらわにしてしまった。学校にたいする信頼が失われたことが、ただただ心配でならない。

教育委員会のおせっかい

チャールズ・ダーウィンは『種の起源』の中で次のように述べている。

「もっとも強い者が生き残るのではなく、もっとも賢い者が生き延びるのでもない。唯一、生き残るのは変化できる者である」

現在の学校は、はたして「変化できる者」だろうか。第1章で紹介した体操着の下に着用する肌着の扱いについて、二〇二一年に東京都足立区の教育委員会は次のような対応方針を出している。

○体育着の下の肌着の着用について

体育着の下に肌着を着用するか否かは、児童及び家庭の判断を尊重しています。

○体育着の下に肌着を着用する場合の留意事項

児童が授業後に、汗を吸収した肌着を着続けることのないよう、必要に応じて予備の肌着を体育着袋に準備してください。

○児童生徒の肌着及び下着について

児童生徒が着用する肌着及び下着については、吸汗性や速乾性、保温性等、季節に応じて家庭の判断で着用させてください。なお、色や形状に指定はございませんが、体育着や制服から極端に透けて見える色遣いやデザインはお避けください。

まったく馬鹿げた通知である。教育委員会が市内の小中学校に通知したとなると、校則ならぬ教育委員会則である。生徒指導提要には、「校則の運用・見直し」について、「その見直しに当たっては、児童会・生徒会や保護者会といった場において、校則について確認したり議論したりする機会を設けるなど、絶えず積極的に見直しを行っていくことが求められます」

とあるのに、これでは児童会や生徒会で検討することなどできまい。この教育委員会の通知で馬鹿げているのは、体育着の下に肌着を着用するか否かは、児童及び家庭の判断を尊重するとしながら、「吸汗性や速乾性、保温性等、季節に応じて家庭の判断で着用させてください」とあるように、家庭で判断すべき領域に足を踏み入れている点だ。おまけに、「体育着や制服から極端に透けて見える色遣いやデザインはお避けください」と釘を刺している。

どのような色遣いやデザインでも、体育の授業が普通にできれば問題ない。もともと、下着の着脱について学校が固執したのは、健康面からのはずである。それが、なぜか「材質まで留意するように」「華美なものは控えるように」と余計なメッセージを付加している。本来の議論から逸脱した、不要な記述である。

社会に出たとき、派手な色やデザインの下着を規制されることはない。ワイシャツの下の肌着の色が気になれば、自分で判断して目立たない色にすればいいだけである。それを学校が決めるような真似をしているから、上司に、

「出張には何を着ていけばいいのですか」

そんな馬鹿げた質問をしてくる新入社員があらわれるのだ。社会に出たらどのような力

が求められるのか。そのことを学校はもっと真剣に考えるべきだ。不必要な干渉や指示は控えなければならない。

思考停止から脱却するためには

校則があることで、教員も子どもも考えることをしなくなる。決められたことを守っていればそれでよしとされるのであれば、思考力も判断力も必要ないからだ。だが、その思考力と判断力が足りないから、社会に出てから苦労するのだ。

子どもたちの未来は、混沌としたまさにカオス状態である。そのような社会や時代には、誰かの言うことを素直に聞くだけの従順さなど求められない。必要とされるのは、みずから状況を切り拓き、問題を解決していく主体性や判断力、たくましさである。

社会は日々変化している。未来の変化の方向性がわからないからこそ、間違ってもいいから主体的に判断することを通して、臨機応変に行動できる人間を育成しなければならない。それこそが学校に課せられている役割なのだ。

私は学校の決まりはたった二つでいいと思っている。

○学校生活に不必要な物は持ってこない。

○人に迷惑をかけるようなことをしない。

これだけだ。学校現場からは、

「これでは抽象的すぎて学校生活に支障が出る」

「そもそも、子どもたちにそこまで自由を与えることはできない」

といったクレームがたくさん寄せられそうだが、そのときはこう反論したい。

「激動の未来を生き抜いていかなければならない子どもたちに求めるのは、従順さですか、それとも主体的な判断力ですか。教員であれば、後者だというのはおわかりのはずです。

たしかに、具体的な校則がないというのは不安でしょう。指導するたびに、指針となる基準がないわけですから。しかし、子どもたちが生涯幸せに生きていくために必要なのは、マルかバツかを決めることではなく、それが正しいのか間違っているのかを考えられるようにすることではありませんか。

もちろん『不要物』という記述だけでは、何が不要なのかわからないでしょう。だから、そこで子どもたちは考え、話し合い、納得し、決定を下していくのです。人に迷惑をかける行為とは何かを考えることで、本当の意味での人間関係を築いていくのです。人間関係はルールのうえに成り立つのではなく、理解と納得のうえに成立するもののはずです。学校は、そうした学びの機会を奪ってはなりません。

生きた人間である教員が裁定するならまだしも、ただの言葉と化した校則の言いなりになることなど、決してあってはなりません。抽象的な表現だからこそ、子どもたちは考え、話し合い、実践し、ときに喜怒哀楽をぶつけ合い、必要に応じて修正していくのです。学校の決まりを考える際には、このように『それがはたして、子どもたちの未来の幸せにつながるのか』と考えてほしいのです」

おそらく、教員であれば異論はないだろう。学校が現在の思考停止状態から脱却することを願ってやまない。

第3章 変化することへの恐怖

「次は自分のクラスの番では……」

現在、教員の多くが頭を悩ませているのが、児童生徒指導と保護者への対応である。保護者への対応については、もはや教員の努力でどうにかなるものではない。特にクレーマー的な保護者の出方は予想の範囲を超えているので、その場その場で対応のしかたを考えるしかないと腹をくくっておくべきだ。問題が起こる前から先回りしてあれこれ想像していたのでは、それだけで病気になってしまう。

一方、子どもたちの指導のほうは計画的でなければならない。

まず、新たに学級がスタートしてからの三日間、いわゆる「黄金の三日間」が重要だ。この三日間は子どもたちの意欲と緊張感が適度に高く、指導が定着しやすい。この最初の三日間に、担任は自分のクラス運営の方針や教育観などをしっかりと伝え、学級のあり方を子どもたちに浸透させるのだ。

そうして四月を乗り越えると、続いての壁はゴールデンウィーク明けにやってくる。子どもたちは新たな学級にも慣れてくるが、少しずつ集団に綻《ほころ》びが見えてくる時期でもある。この連休明けの時期を乗りきったら、次はじめじめした梅雨がやってくる。この六月もクラスにとってはむずかしい時期である。

学級という集団は、さまざまなタイミングで崩れていく危険性をはらんでいる。自分の学級は問題が起こっていなくても、どこかの学級が荒れていくさまを目にしたことがある教員は多いだろう。

子どもたちの集団を管理することがますますむずかしくなってきた昨今、さまざまなトラブルを見聞きする教員たちの心中には、

「次は自分のクラスの番では……」

得体の知れない恐怖がつきまとっている。そのため、荒れるのを防ぐために先手を打ち

たくなるのだ。ただ、それが子どもたちの未来のためになるような方策であればいいが、往々にしてそれは、

「もうこれは、全校的に禁止にしてしまいましょう」

本来なら禁止する必要がなかったり、注意喚起する必要がなかったりすることまで、一緒くたに指導してしまうのだ。ここに学校が抱える課題がある。

なぜ他クラスへの出入りは禁止されるのか

小学校では二年に一度、または毎年クラス替えがある。自分の小学校時代を思い出すと、隣のクラスといえども別の国のような存在に感じられたものだ。あれほど仲が良かった友だちなのに、クラスが変わると急に疎遠になってしまう。

この傾向は今の子どもたちも変わらない。同じクラスのときはいつも一緒にいた子どもたちが、別のクラスになったとたん、ほとんど話をしなくなる。あるとき、その理由を聞いてみると、こんな答えが返ってきた。

「○○ちゃんとはずっと友だちでいたいんだけど、クラスが変わったから……。私も今のクラスの中で友だちをつくらないと、正直やりにくくなっちゃうし、○○ちゃんもそうだと思う。今のクラスの中で新しい友だちをつくって、無事に過ごせるようにするのが一番いいと思う」

想定どおりの答えだったとはいえ、彼女の心の叫びを聞いたような気がした。同時に罪悪感も覚えた。なぜなら、友だち関係を切り裂いたのは、他ならぬ学校ではなかろうかと思ったからである。

じつは学校では、クラスの誰とでも仲良くという以外に、こんな指導もする。

「違う学年の子とも仲良くしましょう」

学年をまたいだ交流の必要性も説いて、実際に多くの学校で交流の機会をつくってもいるのだ。一年生から六年生までが入ったグループをつくり、その中で一緒に遊ぶ機会をつくったり、掃除や給食を共にしたりする。

だが、私はこうした学校がおぜん立てしたグループ活動には違和感を覚える。クラスや学年を超えて交流することをねらっているわりに、放課後に彼らが一緒にいる様子を目にしたことがないからである。

子どもたちが放課後一緒に遊ぶのは、単純にその子といて楽しいから。学校の都合で割り振られた他の学年の生徒など、子どもにとって何の魅力もないはずだ。それでも、「一緒にいれば打ち解けてくるよ」

無責任にそう言う大人がいたら、こう尋ねたい。

「では、あなたは仲が良くない同僚と、仕事終わりに飲みに行きたいですか」

子どもたちもわれわれ大人と同じ、普通の好き嫌いがある人間なのだ。子どもだからどんな環境にも順応するだろうという見方は、完全に大人の思い込みである。

本当に子ども同士の交流に大きな意味があると思うのなら、思いきって休み時間限定で他のクラスへの出入りを自由にすればいい。そうすれば、前のクラスで仲が良かった友だちとも関係を維持することができるだろう。

だが学校はなぜか、子どもたちが他のクラスに自由に出入りするのをよしとしない。校則の見直しが叫ばれて久しいが、この手のルールは話題にもならない。というより、校則に明記する必要すらない、当然の前提となっているのだ。学校の病は想像以上に深刻なのかもしれない。

クラスへの出入りを自由にした結果

私は一度だけ職員会議で、子どもたちが他クラスへ出入りすることを認めたらどうかと提案したことがあるが、

「そんなことをしたら、荒れの原因になってしまいますよ」

案の定、ムラの秩序はよそ者を排除して成り立つのだと言わんばかりの回答が返ってきた。

私は会議が終わったあと、なぜ荒れの原因になると思うのか、同僚に尋ねてみた。個人的に質問をすれば、本音が聞き出せると思ったからである。

「勝手に子どもたちが他のクラスに出入りできるようになると、物がなくなるかもしれないし、子どもたちの人間関係でもトラブルが起こりやすくなりそうじゃないですか。今より指導が大変になるんじゃないですか」

実際には、この学校では他クラスへの出入りを自由にしたことは一度もないのだが、指導上、余計な手間がかかることが予想されるため、とんでもない提案だと思ったらしい。

「もし、児童指導上の問題が起きないとしたら、認めてもいいということですか」

さらに尋ねてみると、

「それでも、心配の種が増えるだけですよ」

依然として懸念が払拭できないようだった。

子どもたちは、他のクラスへ出入りしてはいけないと入学したときからずっと指導される。用があってどうしても入らざるをえない場合のみ、

「先生。入ってもいいですか」

そのクラスの担任に許可をとって、入室することが可能になる。あいにく担任が不在のときは、担任がその教室にやってくるまで休み時間のあいだずっと待っていることもある。教室の管理責任者が担任だから、勝手に入ることは許されないのだ。

学校では教室の前扉のところに学級名を掲示したプレートが掲げられるが、一度だけクラス名の裏に、「齋藤級」と書かれたプレートを渡されたことがあった。「○年○組」というプレートであれば理解できるが、これでは教員個人のスペースのようで、私はすぐに外してしまった。子どもは教員の管理下にある存在であってはならないのだ。

じつは私はかつて、自分のクラスを誰でも出入り自由にしてみたことがある。本当に物

がなくなるのか、余計なトラブルが起きるのか、見極めようと思ったのだ。

噂を聞きつけ、クラスには多くの子どもたちが遊びにきた。高学年のクラスだったので、低学年の子が遊びにくることもあったが、一部の児童はよく面倒を見てやっていた。

もちろん、小さな子が苦手な児童は進んで関わりを持とうとしなかったが、それはそれで問題ない。そんなことはどうでもよかった。他クラスからやってきた同級生と遊ぶのも、自分のクラスの友だちと遊ぶのも、一人で本を読むのも、各自の自由だからだ。

だが、やがて一つだけ問題が起きた。

「先生のクラスだけ出入り自由にされては困ります」

他クラスの担任からの申し入れである。校則で禁止されているわけではなく、問題ないはずだと主張しても、

「とにかく、お願いなのでやめてください」

と懇願された。主な理由は、

「先生のクラスだけ自由にされてしまうと、自分のクラスの子どもたちから不満が出る」

ということだった。

「それなら、先生のクラスも自由にしたらどうですか」

オープンな教室が増えることは悪くないと思ったのだが、そんなことはできないという。収拾がつかなくなり、クラスの荒れにつながるのがやはり不安だということだった。

その後、他クラスから懸念された不満は出てこなかったため、いわば黙認されるかたちで続けられたが、組織としては大事件だったようだ。

子どもたちはいずれ社会に出ていく。社会では自由な環境のもと、主体的に判断することが求められる。だから学校でも、自分で考えて行動する習慣を身に付けさせるべきだ。それでトラブルが起こるかもしれないが、それも必要な経験だ。その過程でこそ、子どもたちの判断力が磨かれると考えるべきなのだ。

先が見えない時代に対応する子どもを育てるべき学校で、その導き手となる教員自身が、予測困難な状況から逃げているようでは話にならない。

学級ムラが阻害する子どもの自立

教員が他クラスへの出入りを自由にさせたくない理由として、それぞれの担任が自分のクラスを独自のムラのようなかたちで管理していることも挙げられる。波風が立たないように学級を運営するには、外からの情報をなるべくシャットアウトする必要があるのだ。

「先生。あの先生のクラスではこんなことやってるよ」

などと言われたら、やりにくくてしかたがないのだろう。だから、無用な人的交流は絶っておこうとなるのである。子どもも大人と同じで、隣の芝生は青く見える。それが積み重なって、子どもたちのあいだに、

「このクラス、何かつまらないなあ」

そんな気分が充満したら、担任の指導はむずかしくなる。教員にとって、それは荒れの前兆であり、絶対に避けたいところ。だから「隣ムラ」との交流は、できるだけしないように指導していくのだ。

子どもたちをこのような環境に置いたまま、

「もっとチャレンジしましょう」

「自分で考えて行動しましょう」

といくら言っても、子どもたちの心に響くはずはない。学校が彼らの自由な判断など求めていないことがバレバレだからである。だから、他クラスへの出入りだけでなく、

「職員室には用がないかぎり入らないように！」

となる。子どもたちが職員室に気軽に出入りするようになると、ムラの秩序が揺らぎかねないという意識が働くのかもしれない。以前、職員室に入ることを躊躇している子どもに理由を尋ねてみたことがある。

「何となくだけど、先生たちがいい顔をしないような気がする」

彼はそう言っていた。

「職員室は別に先生たちがつくった部屋ではないよ。強いて言うなら、君たちの親が払った税金でつくられた学校の中にあるスペースなのだから、君たちのものとも言えるんじゃないかな」

そんな話をしたのだが、合点がいかないようだった。私は特に用がなくても職員室に子どもたちが出入りしても問題ないと考えているのだが、どうもそれは少数派らしい。職員室を神聖な場所と位置づけることに、どんなメリットがあるのだろうか。

「派手＝学校が荒れる」という固定観念

足立区の教育委員会が保護者にたいして、体育着や制服から透けて見える色やデザインのインナーは避けるように通知を出していることは前述した。学校には「派手＝学校が荒れる」という先入観が根強く残っているように感じられる。派手な服や外見、持ち物を許可していったら、それがどんどんエスカレートしていって、学級崩壊や学校崩壊を引き起こすとまで思っているふしがあるのだ。とはいえ、

「髪ゴムの色については、黒、茶、紺とする」

と規定している学校がいまだにあることには驚く。

小学校の中には、ランドセルに付けるキーホルダーを禁止しているところもある。知り合いの教員によると、表向きの理由としては、他の子どもにぶつかって怪我をさせる恐れがあるから、となってはいるものの、

「余計な飾りを装着するのは認めたくない、というのが本音でしょうね」

そう言っていた。ランドセルにキーホルダーを付けたいと思った時点で、すでに心の乱

れが生まれている、とでもいうのだろうか。

「余計な物を持ち込まない」

というのが学校の基本的な姿勢なので、派手なキーホルダーを見ると、ついつい注意したくなるというのが学校なのだろう。

もちろん、常軌を逸した派手な格好で子どもが登校してきたら、私も心配にはなるだろう。だが、髪の毛を真っ赤に染め、首から太い金のネックレスを下げ、大きなサングラスをかけて登校してくる小学生はいない。もちろん、中学生や高校生でも見たことがない。

それなのに、学校側の妄想として、

「ここで許してしまったら、どこまでも行ってしまうのではないか」

と思い込んでいるのだ。

子どもたちがランドセルにキーホルダーを付けてきても、クラスの荒れにつながるはずがない。ありえない想像に怯えて何でもかんでも禁止にするのではなく、なるべく余計なルールを設定しないほうが学校は落ち着くのではないか。子どもとの関係がギクシャクするような指導をする必要がなくなるからだ。

ちょっと変わった身なりで学校にくる子どもがいても、

「おお、派手でいいねえ」

教員はそのくらいの姿勢で子どもたちに接したいものである。

「堂々と違っていなさい」

シャネルのブランドを生んだフランスのファッションデザイナー、ココ・シャネル。彼女はこんな言葉を遺している。

「かけがえのない人間になるためには、つねに他人と違っていなければならない」

シャネルが言いたいのは、他人とは違って見えるように奇をてらった服装をしなさい、ということではないだろう。それぞれの人間には個性があり、その個性が結果として他人との違いを生む。

「だから、堂々と違っていなさい」

ココ・シャネルはそう言っているのだと私は解釈している。だが、その個性にもとづく違いを、現在の学校では認めない。

「まず、集団に合わせなさい」

というメッセージを陰に陽に子どもたちに送り続けている。

明るい色の髪ゴムを付けることでちょっとでも気分が明るくなるのなら、ぜひ付けてきてもらいたい。髪ゴム一つで元気が出るのなら、安いものではないか。キーホルダーも同様だ。ランドセルに付けることで、学校に行くのがちょっとでも楽しくなるのなら、どんどん付ければいい。

修学旅行から帰ってきた翌日。一人の男の子がランドセルに刀を模したキーホルダーを付けて登校してきた。

「修学旅行で買いました。はじめて買った自分用のお土産なので、身に付けていたい」

ニコニコしながらそう語っていた。キーホルダー一つで前向きな気持ちになれる。それが子どもというものだ。

たしかに、キーホルダーは直接勉強に必要なものではない。だが、本人の個性のありようを表現しているものとはいえる。

「髪ゴムの色やキーホルダー程度で個性を主張するのはおかしい。個性の意味を履き違えている」

そんな批判を耳にしたこともあるが、はたして、そうだろうか。ココ・シャネルはこうも言っている。

「みんな、私の着ているものを見て笑った。でも、それが私の成功の鍵。みんなと同じ格好をしなかったから、うまくいったの」

自分の個性を磨きなさい、というメッセージが伝わってくる。髪ゴムやキーホルダーを自分流に身に付ける子どもなら、他の場面でも自分の流儀を貫く可能性が高いだろう。小さな個性の芽を育てなければ、大きな個性が花開くことなどありえない。

考えてもみてほしい。子どもたちの髪ゴムの色を自由にしたせいで学校が荒れるようでは、そもそも教育の力も何もあったものではない。自分たちの指導力不足から目をそらし、誰かや何かの責任にするのは、もう止めたほうがいい。

教員にも求められる地味さ

保護者との懇談会が終わると、女性の担任のもとにある保護者がつかつかと歩み寄ってきた。その足どりからは、抑えきれない怒りがにじんでいたという。

「どうしました？」

担任が驚いて尋ねると、切り口上でこう言ってきたという。

「先生のその髪の色、ちょっと明るすぎませんか。子どもたちに悪影響を与えます」

本人からこの顛末を聞かされ改めて彼女の髪を見たが、特に問題があるとも思えない。

だが、この保護者にとっては、

「先生なのに、わざわざ髪色を変えて……」

黒髪以外は違和感を覚えるのだろう。気の毒なことに、翌日、彼女は髪を真っ黒に染め直してきた。

このように保護者から教員の見た目について指摘を受けるのはレアケースだが、じつは職員室の中にも教員は地味であるべきという空気が漂っている。

「子どもたちにきちんとした身なりをするように求めているのに、模範となるべき教員が派手な格好をしているのはまずいでしょう」

そんな暗黙の了解があるのだ。だから、教員は総じて地味なファッションを指向することになる。たとえば、爪にマニキュアを塗っていたり、派手なピアスを付けていたり、高いヒールで出勤したりする女性教員を一度も見たことがない。女性の場合は、さすがにネックレスくらいは許容されているが、男性教員のネックレスやピアスはまったく見たことがない。

「子どもたちが派手な格好で学校にくるようになると、かならず荒れる。荒れを誘発しないためには、まず教員が範を示すべきだ」

そのような考えが蔓延しているからにほかならない。

だが、はたして、これは正常な感覚なのだろうか。大人は大人、成長の途上にある子どもとは一線を画してしかるべきだと私は考えている。

「子どもたちは飲酒できないので、先生がたも酒を飲むのはやめてください」

そんな馬鹿げた要望をする保護者は、さすがにいない。外見についても同じ理屈になるはずなのだ。

知り合いに聞いた話だが、ある女性教員は、

「生徒に異性交遊はいけないと言っているので、私も結婚はしませんし、子どもを産むこともありません」

そんな驚くべきポリシーを語っていたという。何という極論だろうか。

学校においてこそ、子どもは子ども、大人は大人という明確な線引きが必要なのだ。そうすることで、子どもは大人にたいする敬意を抱くようになる。大人になることへの憧れも抱くのだ。はたして、

「自分もできるだけ地味な服を着るようにするから、みんなも派手な格好をしないでね」

などという卑屈な姿勢で、子どもたちを指導することができるだろうか。

だが実際には、保護者からも地味な外見を求められているのが現在の教員なのである。その結果、本来なら子どもたちのモデルになるべき教員は、子どもの目には魅力のない大人に映ってしまっていることだろう。案外、学校の荒れの原因はこのあたりにもあるのではなかろうか。

茶髪一人で学校は大騒ぎ

小学校ではクラスの誰かが茶髪にしてくると、学校全体が大騒ぎになる。まずは、第一発見者の子どもから教員に連絡が入る。

「大変です！　茶髪にしてきた子がいます」

一刻も早く呼び出して、注意してくれと言わんばかりの勢いである。そこで少しでも教員が躊躇する姿勢を見せたら、

「ちゃんと注意しないのはズルい」

と言われることもある。

「そうか。それは大変だね。教えてくれてありがとう」

連絡してきた子どもに感謝する姿勢を見せて、すぐに指導のプロセスに入る必要がある。まず、児童生徒指導を担当している教員に情報が届く。

「とにかく事実確認をお願いします。それから、どうしてそうしたのか理由を尋ねてみてください」

学校として、茶髪にしてきた背景を把握しておこうというわけだ。茶髪で登校してきた子どもは担任の聞きとりを受けたのち、児童生徒指導の担当のもとに送られ、そこでまた聞きとりを受け、どうすべきか指導される。

報告してきてくれた子どもや他の子どもたちも内心では、教員の指導を受けて茶髪の子がもとの黒髪に戻ることを期待しているふしがあるように思う。全校をあげて、異質な存

在にたいして警戒するマインドができあがってしまっているのが、現在の学校なのだ。

だが、考えてみてほしい。ある子が茶髪にしてきたからといって、それが本当に大事件だろうか。校長が教員を集めて、

「あの子の心の中にあるものを、すべて吐き出せるように配慮して対応してください」

そこまで言うほどのことだろうか。実際、理由を尋ねてみても、

「ちょっと髪の色を変えてみたかったから」

というレベルの答えがほとんどだ。何か特別な理由があるのかもしれないと思って再三話を聞いてみたこともあったが、たいした理由などなかった。まわりにいる誰かの影響なのか問いつめてみても、

「好きなアイドルの髪と同じにしたかったから……」

といった程度の理由であることが多い。一大事だと思っているのは学校だけであり、当の本人はケロッとしていることがほとんどなのだ。

冷静に考えてみると、学校で一人の生徒が茶髪にしてきたからといって、影響が及ぶ範囲など限られている。なのに、何がそこまで学校をあわてさせるのかというと、そこで「みんなと違ってはいけない」という暗黙の了解が破られるからだ。

担任は児童生徒指導主任から、家庭に連絡して真意を確認するように求められることもあるが、

「それはわが家で認めたことです。先生は関わらなくて結構です」

そう言われたら、担任としてはそれ以上何も言えないだろう。それでも担任のほうは、茶髪がクラスに蔓延し、同僚の教員から、

「先生のクラスは何をやっているんですか！」

そんなことを言われたり、直接言われないまでも批判的な目で見られたりすることを恐れる。一人をきっかけに子どもたちが何十人という単位で茶髪にしてきて、その先にイジメや暴力までもが横行する末期的な学校の姿を想像するのだ。

実際にそんな状況が生まれる可能性があるのか、私はきわめて懐疑的なのだが、それだけ異分子への恐怖が根強いということなのだろう。とにかく、

「非行の芽は早いうちに摘め！」

が学校では暗黙の了解となっているので、それに失敗した担任は非難の対象となるわけである。他のクラスにまで飛び火する可能性がある茶髪を食いとめられなかったということで、管理能力まで問われることとなる。

ただ、不思議なのは外国人の転校生の場合で、ここではまったく対応が異なる。どう見てももともと黒髪の子が茶髪にしてきても、学校としては指導しない。

「あの子は外国人だから……」

で許されてしまう。ピアスをしている子どももいたが、

「おそらく、宗教上の理由があるのでしょう」

そんな思い込みで指導を回避している。ちなみに帰国子女にたいしては、その中間の対応になることが多い。

「一応、話はしてみて、それでもダメだったら考えましょう」

信念のかけらも感じられない折衷案が採用されるのだ。

日本人の子どもが異質な行動をすると指導の対象となるが、外国人が同様のことをしたとしても学校はほとんど指導をしない。外国人には日本の文化を押し付けるべきではないと考えているわけだ。

要するに学校の側も、自分たちが行なっている教育が世界的に見たら異質なものであるとわかっているのだ。だが、その異質な行動規範を同じ日本人の子どもたちには押し付けようとする。

暗黙に存在するムラの掟を守り、相互監視のような関係性のうえに成り立っている秩序を何とかして守りたいという姿勢を、学校は依然として崩さないのだ。残念なことに現在は、グローバルなツールであるＳＮＳによって相互監視が加速している面があるのは皮肉なことである。

第4章 前例踏襲主義の呪縛

「朝の会」も「帰りの会」もずっと同じ

学校は昔から、一日のルーティンを大きく変えていない。子どもたちが登校すると「朝の会」があり、授業では号令がかかり、給食時間はみんなで同じメニューの食事をとる。一日が終わると「帰りの会」があり、係の子どもが最後に電気を消す。これがお決まりの光景である。

なぜずっと変わらないかというと、あえて何かを変えなくても、ずっとそれで大過なくやれているからだ。特別な問題がないのならば、これまでの慣例を踏襲し続けていけばいいという風土である。

これだけ世の中が激しく変化していっているというのに、学校はずっと決まりきったことを繰り返すだけ。このままではいけないと思った私は、あるとき思いきって「朝の会」や「帰りの会」、号令をかける日直や係などをすべてなくしてみた。

役割として決まっているからやるのではなく、自分で状況を見て行動できる人間になってほしかったからだ。当初は授業の時間になっても黒板が消されていなかったり、体育の授業で外に出る際に教室の電気がつけっぱなしだったりとデメリットも目立ったが、やがてクラスに劇的な変化が生まれた。

子どもたち一人ひとりが、自発的に必要な仕事をするようになっていったのである。そのうち、給食当番を決める必要までなくなった。四時間目の授業が終わると、素早く授業の道具を片付けた子どもがどんどん着替えはじめ、自分たちで作業の分担まで決めるようになったのだ。

現在は一寸先は闇の時代で、未来がどうなるかは誰にもわからない。だから、決められたことを条件反射的にこなす力を伸ばすことより、何もないところから自分で課題を見つけて、解決する方法を考える経験を積ませることが大事になってきた。

だからこそ、学校は変わらなくてはいけない。たんに変えることを自己目的化するのではなく、

「あっ、ここは変えたほうがいいかな」

子どもたちや教員のちょっとした気づきに、臨機応変に対応できる組織になっていく必要があると私は考えている。

移動の際はかならず整列！

同僚の教員との飲み会が終わり、駅に向かう道中でのこと。広場でダンスの練習をしている高校生らしき男女を見かけ、ある教員がこうつぶやいた。

「あの子たち、自然に整列ができているけど、あれってもともと私たちが教えたんですよね」

たしかにそのとおりなのかもしれないが、ちょっと誇らしげな口調に私は違和感を覚えた。小学校のときに整列する習慣を徹底的に身に付けさせたとしても、それがダンスの列

くらいにしか役立たないのでは意味がないように感じたからだ。

整列することを通して、思考力や判断力が育つのであれば意味はある。ただ、現在の学校が行なっている整列の指導は、そういうものになっていない。きちんと列をつくることが最終目的で、誰もその先を意識していないように思えるのだ。

学校ではクラス単位で動く際には、子どもたちを整列させることになっている。だから、たとえば朝会のために体育館に集まるときなどは、さまざまな場所で過ごしていた子どもたちが一度全員、わざわざ教室に戻ってから整列して体育館に向かう。

それまで校庭で遊んでいる子もいれば、図書室で本を読んでいる子もいる。体育館の近くで遊んでいてもいったん教室に戻らなければならない。その結果、貴重な朝の時間が減ることになる。何と非効率的な習慣なのだろうか。

私は思いたって、あるとき、朝会がある日は体育館に三々五々集合することにしようと子どもたちに伝えた。そういうルールにすると、子どもたちも自分たちで考えて、まだ到着していない子たちのために列のスペースを開けたりするのである。

しばらくして、子どもたちから提案された。

「先生。音楽室に行くのもバラバラがいいと思います」

たしかに集会のときだけに限ることはない。さっそく実施すると、思わぬ副産物が生まれた。バラバラに移動することで授業への遅刻がなくなったのである。いくらその子が遅れても全員が待っていると思うと油断するものだが、個人移動ではその責任が自分にのしかかる。遅れてはいけないという意識が高まるようなのだ。

このバラバラ移動についても、しばらくして同僚から指摘を受けた。

「先生のクラスだけバラバラで朝会にくるのは、全体の和を乱すと思います。前みたいに列をつくってきてもらいたいのですが」

もちろん私は反論した。

「朝会に遅れなければ、列をつくって移動してもしなくても、どちらでもいいのではないでしょうか。さいわい、私のクラスはいつも一番はじめにそろっているので、問題ないのでは？」

実際、そのとおりなので同僚もそれ以上何も言わなかった。子どもたちに現地集合の感想を尋ねてみても、

「全員を待つという無駄な時間がなくなってホッとした」

などポジティブな感想ばかりだった。

学校では、朝会への移動をはじめ、専科（音楽や家庭科など、担任以外の教員が特別教室で教える授業）のための移動、体育の授業のための移動など、子どもたちが不要な整列を強いられている場面が数多くある。それにどんな意味があるのか、学校は再考する必要があると思う。

外見を重視する歪な価値観

なぜ教員は整列を重視するのだろうか。それは担任が自分のクラスだけ整列ができていないと思われたくないからである。学校はその構成員に協調を求める。その価値観のすべてを否定するつもりはないが、度を超えていると思わざるをえないときがある。

整列にたいする情熱などその最たるもので、きれいに列をつくって静かに移動するクラスには、

「ちゃんと二列になって偉いねえ」

多くの教員から賞賛の声が寄せられるのだ。学校は見た目のよさを重視する傾向が強く、

列の美しさにこだわる。見た目で、きちんとしているとわかりやすいからだ。だが、ただ列をつくって移動することにどんな意味があるというのだろうか。

外見重視の価値観は、さまざまな場面で子どもたちの行動を規制する。たとえば体育の時間には、上着の裾を短パンの中に入れるように指導することがある。

「そちらのほうが運動しやすい」

というのが学校の見解だが、サッカーやバスケットボールのプロ選手の多くがシャツを外に出している。裾を出したからといって動きにくいわけはないのだ。学校の本音は、シャツの裾を短パンに入れているほうが、子どもたちが礼儀正しく見える、ということだろう。やはり外見を重視した指導である。

学校ではもう何十年も前から、そんな指導を続けている。授業では折に触れて、

「人間、中身が大切なのです」

と言っておきながら、実際にはきちんとした外見に必要以上にこだわる。何とも歪な感覚である。

身長の順にしか並べません

なぜ学校はつねに子どもたちを整列させるのか。それは、ずっと前からそうしてきたからだ。校則ではない。学校はずっと、

「整列する習慣が身に付けば、子どもたちはいい子に育つ」

そう信じて、いつも身長の順に子どもたちを整列させてきた。

だが、これは誤った信念である。なぜなら、背の順に並ぶことだけを叩き込まれてきた子どもたちは、臨機応変な整列ができなくなっているからだ。

たとえば、学校で定期的に行なっている避難訓練。わざわざ身長の順に整列して避難しているクラスが多い。おそらく、教室の中で並ぶ段階でそうしたのだろう。一分一秒を争う避難時に無用なプロセスに時間をかけるなど、愚の骨頂ではないだろうか。

私は朝会でも、身長の順に並ぶ必要などないと考えている。体育館に到着した順番に並べばいい。なぜなら、前に背の高い子が立っていたとしても、ステージ上で話す校長の姿はどこからでもよく見えるからだ。

学校で行なわれる内科検診や歯科検診では、出席番号順に並ぶことが望ましい。検診で使う保健簿が五十音順に綴じられているからだ。だが、身長順の整列に慣れている子どもたちは、なかなか出席番号のとおりに並べない。しまいには、担任が子どもの手を引き、列を入れ替えている様子をよく目にする。

思考力を使わない身長順の整列が習い性となっていて、その場にふさわしい列をつくることができなくなっているのだ。『ＡＩ vs. 教科書が読めない子どもたち』で知られる国立情報学研究所の新井紀子教授は、これからの時代に必要なのは何より臨機応変さだと説く。決められたことを決められた手順で遂行する力はムラ社会では役に立つが、「二〇五〇年になっても通用する人間になるために、それが必須ですか」と問われたら、一言も返せないだろう。

長年、子どもたちを見てきて痛切に思うのは、選択の幅がある環境というのは子どもを伸ばす、ということだ。たかが整列だと思われるかもしれないが、並ぶたびにどういうかたちがベストかを考えるようになれば、やがて他の生活習慣にまで「考えて判断する」というプロセスが波及することになる。

学校の整列のあり方を考え直すことは、間違いなく子どもたちの臨機応変さを育むことにつながるはずだ。

「朝から歌なんか歌いたくない」

私が若かった時代、朝の会のプログラムはてんこ盛りだった。先輩教員からは、「担任は朝の会を充実させることで、いい一日のスタートが切れるよ」と教わっていた。

ただし、朝の会を一五分ほども続けるのは実際には至難の業。そこで時間稼ぎの意味あいもあって「朝の歌」というプログラムを入れていた。子どもたちが歌っている数分間のあいだに、こっそり別の業務ができるというメリットもあった。

そうしていたのは、もちろん私だけではない。どのクラスからも歌声が聞こえてきていたので、「朝の歌」にたいして疑問を持つことはなかった。現在も多くの学校で、「朝の歌」はプログラムに入っている。

ただ私はあるとき、一人の女子児童にこんなことを言われた。

「先生。朝から歌なんて歌いたくない。何か調子も出ないし……」

歌を歌うことで一日を乗りきる元気が出てくるのだろうと思っていたので、正反対のことを言われて面食らった。だがクラス全員に話を聞いて、自分が完全に思い違いをしていたことに気づいた。

「歌は歌いたいときに歌うのがいいと思う。音楽の時間は授業だからしかたないけど、毎朝かならず歌わないといけないので、本気を出す気分にはならない」

「月曜日の朝は気持ちもぜんぜん乗っていないから、そのときに大きな声で歌いたくはない。違う時間にしてほしい」

朝の会で歌うことについて、クラスの七割ほどが否定的だった。残りの三割は賛成してはくれたが、教員の心情を察知して「同情票」のような賛成意見が集まっただけで、実際にはほぼ全員がネガティブな意見を持っていたことがわかった。

うかつな話ではあるが、私はその段階ではじめて、自分はどうなのだろうかと考えてみた。そして、ある早朝、まだ子どもたちが登校していない教室で、一人で校歌を歌ってみた。歌いはじめて一分も経っていないのに、早く終わりたいと思った。はっきり言って苦痛でしかなかった。

子どもたちの言うとおりだったのだ。朝から元気に大声で歌うのは、じつはまったく楽しくない。気力を振り絞って声を出さないといけないし、最後まで歌うには無理やりテンションを上げなければならない。

正直に言うと、かろうじて校歌を歌い終えた私は、

「できれば今日はもう一日中、声を出したくない」

と思ったのだった。こんな苦痛をともなう「朝の歌」を、子どもたちに強制してはいけない。私はその日の朝の会から、プログラムの定番だった「歌」を外した。

その結果、授業中の挙手の数が減ったり、挨拶の声が小さくなったりするということはまったくなかった。子どもたちは歌わされることがなくなったぶん、以前よりも声が出るようになったようでもあった。

その後も担任をする機会は数多くあったが、朝の会のプログラムに「歌」を入れることはしなかった。子どもたちから、

「先生。朝、歌わないの？」

質問されることは何度かあったが、歌わないでいいと答えるとホッとした表情を見せる子どもが多かった。

ごくまれに毎日、歌いたいと訴える子もいた。

「じゃあ、教室のオルガンを使って休み時間に歌っていいよ」

と言ってあげると、同好の仲間を集めていろいろと好きな曲を歌っていた。そもそも歌は、そんなふうに楽しむべきものであろう。

歌えばクラスの輪が生まれるという幻想

朝の会から「歌」を排除したことについては、同僚から批判めいた口調で質問をされたこともある。

「先生のクラスは、どうして『朝の歌』を歌わないのですか」

どこまで詳しい話をしようか迷ったが、適当に言葉を濁して、

「子どもたちと話し合って、やめることにしたんです」

というような答えをしたと思う。

その後、学年で統一して朝の会の歌を実施したいと言われたこともあるが、私も譲るわ

けにはいかない。朝の会では他のことをたくさんやっているので歌う時間がないと伝えると、しぶしぶ引き下がってくれた。

逆に私のほうから、何のために「朝の歌」が必要なのか、同僚に尋ねてみたこともある。

「朝の会では歌を歌うもの。学校は、ずっとそうでしょ」

という答えには当然ながら、納得がいかなかった。

「みんなで歌うことでクラスの輪、一体感をつくるんですよ」

そういう指摘をする仲間もいた。一体感を生み出す努力を否定するつもりはないが、それは子どもたちに無理やり歌わせることで達成されるものなのだろうか。

「本当に『朝の歌』がクラスの結束力を生むんでしょうか。根拠がある話ではないのではないですか」

私がそう返すと、やはりと言うべきか、

「これまでずっと、学校はそうやって子どもたちの輪をつくってきたんですよ」

またもこの振り出しに戻ってしまった。本音を言うと、前からみんながやってきたことだから続けようということなのだろう。

すべてのクラスで「朝の歌」が必須プログラムのようになっていれば、子どもはしたが

うだろう。歌声が小さければ、

「もう一回、もっと大きな声で歌いましょう」

となり、二回目に歌声のボリュームが合格ラインに達すると、

「そうそう！　みんなならできると思っていた」

担任からは、そんな誉め言葉をもらえるかもしれない。ただこのとき、子どもたちは三回目を回避するために、二回目に大声を出しただけである。決して、子どもたちのあいだに一体感など生まれていない。

子どもたちが納得して取り組むようにならないと、本当の力はつかない。前からそうだったから、という理由が真っ先に出てくるような活動を無批判に続けていいのだろうか。

「いいとこ見つけ」は必要なのか

小学校では帰りの会のプログラムの定番として、「友だちのいいとこ見つけ」というコーナーがある。

「今日、田中くんが僕の鉛筆を拾ってくれました」

その日に友だちから受けた厚意をクラス全体に披露する時間である。私も一度だけ取り入れたことがあるが、あまりに多くの子が手を挙げるため、帰りの会が長引いて往生した、というほろ苦い思い出がある。

これも「朝の歌」と同様に、多くの学校で疑問を持たれることなくプログラムに組み入れている。帰りの会にいつも時間がかかるため、授業を早めに終わらせるという、本末転倒な話も聞いたことがある。

クラスの「いい話」ばかりを耳にするので、担任としては悪い気はしないだろう。

「ああ、今日もこのクラスはいいことだらけだ」

担任しているクラスが安定しているという実感も持てる。だが、この「いいとこ見つけ」は表面的に上手くいっていることを教員にアピールしてみせる場になってしまっているように思う。

相手から厚意を受けたら、その場で謝意を伝えることが基本である。与えられた場で発表するのではなく、みずから適切な場やタイミングを選ぶべきなのだが、「いいとこ見つけ」はそんな貴重な機会を奪っている。

「今日の帰りの会で、私のことを絶対に誉めてね！」

ある子どもが強要に近いことを同級生に言っていたという話を聞いたこともある。これではある種のショーである。人の評価など関係なく、それが自分にとって正しいことだからやるという大谷翔平選手のような姿勢こそ、これからの子どもたちには必要なのではないだろうか。

「朝の歌」にしろ、「いいとこ見つけ」にしろ、学校には昭和の遺物のような慣習がたくさん残っている。それが現在も必要なのかどうか、それは学校単位・学年単位などという全体主義ではなく、一人ひとりの担任が判断したうえで決めるべきであろう。

「一〇年後の彼ら」のために

前例を参考にすることは、すべて悪いわけではない。前例を比較対象にするのもいい。だが前例を絶対視し、仕組みやルールを変えない理由にしているのだとしたら、それは大問題である。

ここまでお読みいただいた読者にはもうおわかりだと思うが、現在の学校はまさにその大問題のせいで機能不全に陥りかけている。

私は学校に関わるすべての人に、前例にとらわれず子どもたちの未来を語ることを求めたい。未来を語ったうえで、これから何をすべきかを考えれば、具体的に必要な取り組みが見えてくるはずなのだ。

二〇〇七年に放送されたNHKの『プロフェッショナル 仕事の流儀』に、当時、京都市立堀川高校の校長だった荒瀬克己先生が出演されていた。国公立大学の合格者が六人だったのが、六年で一二〇人へ激増し、「堀川の奇跡」と呼ばれた学校の校長である。

荒瀬先生は「探求基礎」という、生徒みずからが学習テーマを決めて、大学のような専門的研究を行なうことで大きな成果を挙げたと番組で話されていたが、私はテレビで語られなかった大事な話があるのではないかと思い、京都まで会いに出かけた。

そのとき、荒瀬先生は教育のベースとして考えているご自身の哲学について、次のように語ってくれた。

「私は一〇年後の彼らの要請にしたがって教育しています」

未来から逆算し、いま何をすべきかを吟味しているというのだ。

「今の彼らが望んでも与えないものもあれば、彼らが望まなくても与える場合もあります。すべての判断は彼らの未来をベースにしています」

子どもたちの未来を見据えたたしかな教育観である。

振り返って、義務教育で行なわれている現在の学校の流儀はどうだろうか。整列にしろ、歌にしろ、昔からやってきたから、という理由だけで続けられている。

職員会議で議論されるのは、

「運動会のリレー選手は、各学年どのように選抜しますか」

「子どもたちの髪型について、どのような見直しをすればいいと思いますか」

といった話ばかり。あえてきびしい言い方をすれば、学校というムラ社会を安定的に維持するために何を押さえておくかという、目先の方法論に終始しているのだ。

私は一度だけ、学校の会議で問題提起したことがある。

「子どもたちの一〇年後、二〇年後を考えた議論をしませんか。子どもの未来を考えたとき、どのような方法で授業を行なえば主体性やコミュニケーション力が高まっていくのかをもっと考えなければなりません」

授業の内容を含めて見直しが必要ではないかと問題提起したのだが、

「でも、まず教科書を終わらせないことには……」

という反応しか返ってこなかった。

学校がやるべきなのは、教科書を形式的に終わらせることではなく、教科書で未来に向けて生きる力を身に付けさせることだ。教科書はゴールではなく、手段に過ぎない。大切なのは、あくまでも未来に向けた姿勢であろう。

第5章 学校行事に時間をかける理由

学校に蔓延《はびこ》るおかしな価値観

昔も今も、職員室には独自の文化、または思い込みがある。教員を支配するきわめて歪な価値観ともいえるだろうか。たとえば、次のようなものだ。

○定時に帰ると、「仕事が楽なのではないか」と思われそうで心配になる。
○学校行事では、長い時間をかけて準備するのがいい教員だと思われる。
○他のクラスがやっていることにたいして、基本的に干渉してはいけない。

周囲の目を気にすることで培われた独特の風土で、子どもたちのためという視点は希薄である。

これは日本の会社組織でもよくある話とされているが、学校でも、

「みんながまだやっているから、何か帰りにくくて……」

自分の仕事が終わっているのに、なぜか居残っている同僚が声を潜めて伝えてくることがある。

学校行事については、その準備に多大な労力を費やしている現状がある。延々と時間をかけて運動会の準備に勤《いそ》しむ同僚に、

「そこまで頑張ろうと思える原動力は何なの？」

と尋ねたら、少し考える様子を見せてから、

「前の年よりもレベルが下がったと思われたくない、ということですかね」

そんな答えが返ってきた。やはり、同僚や保護者の評価が基準なのだ。

とにかく学校は、少しでも批判的なことを言われたくないという一心で行事の準備に時間をかける。多くは担当者の自己保身なのだが、手間ひまかけて準備をする伝統が積み重

ねられてきたので、後進はどんどん大変になっていく。

昨今は「学校の多忙化」がよく話題になるが、学校自身が好んで忙しくしてしまった面があるのは否定できない。

ショー化する卒業式

どの学校に赴任しても、卒業式の練習にはたっぷりと時間をかけている。小学校にとって、卒業式こそが六年間の集大成ということになっているのだ。

「立派な卒業式になるように、一年間頑張ってほしい」

六年生の担任になったある教員は、四月の学級開きでいきなりこんな言葉を口にしていた。立派な卒業式をクラスの目標にする意味は私にはわからないが、この教員にとって卒業式はそれほど大切な行事なのだ。であれば、時間をかけて準備をするのは当然、ということになるのだろう。

実際、時間をかけて卒業式の準備をしようと思えば、いくらでもそれができる。まず、子どもたちを体育館に移動させて、はじめに卒業式参列の心構えをたっぷりと説く。続いて式のあいだの椅子の座り方を徹底的に指導する。次に、起立と着席がてきぱきできるように繰り返し練習をし、そこから一人ひとりの返事の練習に移る……といった具合だ。

学校が特にこだわるのが、卒業式で合唱する歌の指導である。指導には、合唱コンクール以上に熱がこもっている。

さらにもう一つ、子どもたちそれぞれの「呼びかけ」も卒業式の華とされているため、手抜きはできない。

「この六年間、楽しい思い出がたくさんありました」

だいたいは感謝の言葉から始まり、

「私は将来、洋服のデザイナーになりたいです」

など自分の思いを口にする場面も登場する。

一人に一言ずつとなると、卒業する子どもの人数分のフレーズを前もって準備する必要があるし、スムーズに進んでも相当な時間がかかる。そのうえ練習の際には、声が小さくてセリフが聞きとりにくい子がいると、やり直しになったりもする。

こうした学年全体での練習に加えて、各教室でも返事の練習や呼びかけの声出しの練習、歌の練習を行なっていて、合わせると計り知れない時間がかかっている。在校生が参加する学校の場合は、彼らと合同で一連の流れを練習することも必要になってくる。

その膨大な時間を算数の理解が不十分な児童の指導に充てることができたら、その子は中学校で苦しむことがなくなるのではないだろうか。作文指導の時間として使えれば、社会に出てからも役に立つ書くスキルが身に付けられるかもしれない。

そこまで具体的でなくても、たとえば現在、卒業式の準備に充てている時間を総合的な学習の時間にして、一人ひとりが自分の将来について具体的に考えてみる機会にしてもいい。未来を想定したうえで学習することで、子どもたちは幸せに生きるための術を身に付けられるのだ。

卒業式についても、やはりムラの掟のように、

「卒業式に関して口出しするのはタブーである」

そんな暗黙の了解があるように思う。私は長いこと、あんなに時間をかけて準備するのは時間の無駄ではないかと考えているのだが、うかつにそれを口にすれば、

「子どもたちにとって一生に一度の神聖な式を、先生は何だと思っているんですか」

間違いなく非難の的になるだろう。

はたして卒業式に、そこまでの価値を見出すべきなのだろうか。ときに授業を犠牲にしてまで準備に全精力を傾けることの是非を、今こそ議論すべきではないだろうか。

卒業式の練習が何の役に立つのだろうか

卒業式の練習をさせることで、子どもたちにどのような力が付くのだろうか。昔、先輩教員に尋ねてみたところ、

「日常とは異なる、厳粛な式に向かう姿勢！」

少しの躊躇もなく、そんな答えが返ってきた。はたして、そんなものが必要なのだろうか。以前、叙勲の式典に参列したことがある知り合いに聞いた話だが、

「天皇陛下にも拝謁するわけだから、特別な作法があるのかと思っていたんだよ。礼のしかたとか、じろじろ顔を見てはいけないとか、前もっていろいろ注意されるんだろうなと……。でも、実際には何の説明もなく、気づいたら陛下が式場に入ってこられていた。司会者がアナウンスをすることもなかった。何の前触れもなく式典が始まって、進んでいく

んだ」

というこことだった。厳《おごそ》かな雰囲気ではあったが、決まりごとを守るのに汲々としているわけでもなかったようだ。もっとも厳粛と思われるような式典でも、そういうかたちで執り行なわれているのだ。

学校はいつも子どもたちに主体的であれと言っているのだから、卒業式の運営も子どもにまかせてみてもいいと思う。

「式の流れは以前から決まっているので、みんなで歌う曲目と各自の呼びかけの言葉だけは子どもにまかせます」

というのでは、中途半端な主体性しか発揮できない。六年間の小学校生活の集大成が卒業式だというのなら、そうすべきだろう。だが現実には、どの学校もそんな決断はできない。

六年生の担任だったとき、卒業式の練習についてどう思うか子どもたちに尋ねたことがある。

「寒い体育館で、長い時間ずっと座っていなくてはいけなくてつらかった」

「トイレを我慢していたので、とにかく早く終わってほしかった」

「歌の練習が大変で、途中で倒れそうだったけど頑張った」

まるで忍耐力を鍛えるために、長時間にわたって卒業式の練習をさせたようなものだ。

これでは、体罰に近いように思える。

学校のもっとも重要な責務は、子どもたちが卒業して校門を出ていく日までに、しっかりとした学力を身に付けさせることだ。教員は卒業式の練習に血道を上げる前に、その本来の役割を果たせたのかどうか自問する必要があるのだ。

卒業生それぞれがたしかな学力を獲得し、自分なりに未来の見通しをもって巣立っていく姿を見せられれば、それこそが素晴らしい卒業式ではないだろうか。大切なのは、体裁の整った儀式かどうかではない。卒業式の日までに子どもたちがどんな力を獲得できたのか、その過程にこそ学校は目を向けるべきなのだ。

儀式に時間をかけることに大きな価値を見出している学校は、いまだに何も変えようとはしない。おそらく変化が起こるとしたら、文部科学省が通達を出したときなのだろう。

毎年、卒業式の季節がやってくるたびに、子どもたちの未来が心配になる。

「こういうのがあるから、六年生の担任はいいんだよね」

卒業式が終わると、感極まった子どもたちが担任のもとに歩み寄ってくる。

「先生のおかげで、本当に楽しい小学校生活でした」

多少わだかまりがあった保護者が担任のもとにやってきて、笑顔で感謝の言葉を口にすることもある。

六年生を受け持っていたある担任が、卒業式の直後に言っていた。

「こういうのがあるから、六年生の担任はいいんだよね」

たしかに、それはそのとおりだ。何かにつけて大変な教職。教員にも賞賛される時間は必要だし、こうした精神的報酬がなければ、やっていられないだろう。

だが、皮肉にもこうした「報われる経験」が、教師の判断を誤らせているようにも思える。子どもたちや保護者の賞賛を得ようと、卒業式への取り組みをどんどんエスカレートさせる教員が少なくないのだ。

現在では、式の前に子どもたちの学校生活を振り返ったスライドショーを保護者に見せ

ることが普通になっている地域もある。はじめにどこかの学校が始めたのだろうが、やがて、

「ウチもやろう。きっとみんな喜ぶ」

ということになり、地域の学校に広まっていったものと考えられる。一度、始めてしまうと、止めるに止められない。卒業式に参列する保護者は前の年の様子を聞いている可能性が高く、

「ええっ？　今年はスライドショーがないんですか」

中止しようとすれば、批判の的となるのは必至だ。

当然、準備には相当な時間がかかる。だが、時間をかけすぎているように見える同僚に向かって、誰も、

「やりすぎですよ」

などという指摘はしない。心の中では、あまり熱心にやってもらうと次（もしかしたら自分）が大変になるな、などと思っていても、

「そこまで時間をかけられるなんて、本当に子ども思いなんですね」

心にもない言葉で励まして、より相手を熱中させる悪循環も生まれてしまう。

前述のとおり、職員室の中には行事の準備に時間をかけることにたいする批判はタブーという文化があるから、卒業式の準備に異常なまでの労力を注ぎ込んでいる教員を賞賛せざるをえないのだ。

あれだけの時間と労力をかければ、万全の授業準備ができるはずだ。あそこまでの集中力を発揮すれば、子どもたちのこともっと深く理解できるだろう。だが、それぞれの教室で行なわれる授業は子どもたち以外の視線には晒されない。一方、卒業式のような一大行事は、保護者も含めた衆人環視となる。

だから担当者にしてみると、

「ここで手を抜くと大変なことになる」

という心理になるのだろう。要するに、子どもたちの成長のために費やされるべきリソースが、学校と教員の評判を維持するために使われてしまっているのだ。現在の異常とも思える卒業式へのこだわりは、私には本末転倒としか思えない。

ムラの一大行事としての運動会

海外には日本スタイルの運動会はない。日本の運動会は、完全に独自の進化を遂げた学校行事である。

運動会の起源は、一九世紀にイギリスのオックスフォード大学で開催されたイベントだとされている。明治時代の海軍兵学寮で始まった日本の運動会も、当初は西洋文化の模倣として行なわれていたらしい。その後、第二次世界大戦の時代に軍事的要素が強まったとされる。運動会に「訓練」を目的とした種目が取り入れられ、騎馬戦や行進などはその名残とされている。

かつて運動会は、地域の一大イベントとしての側面もあった。昔は核家族は少なく、大家族が中心だったから、家族の中の誰かは学校に通っていた。今のように娯楽がない時代に、年に一度、学校で行なわれる運動会は地域にとっても特別なイベントだったのだ。

特別だから、その準備には万全を期さなくてはならない。学校だけではない。それぞれの家族も特別なご馳走を用意して運動会に臨んだ。今では運動会の日に学校に宅配ピザを届けてもらっていた保護者がいた、といった話も聞くが、かつての運動会は地域のお祭りと学校行事が合体したようなイベントだった。

大家族をあげて応援する保護者がいて、張り切る子どもがいて、その保護者と子どもの熱量に負けないように学校も十分すぎるほどの準備をしていたのだ。

だが、学校が運動会にそれだけ注力できたのは、今のようにあれもこれもやる多忙さがなかったからである。年に一度の行事なら、何とかなったのである。

ところが学校を取り巻く状況がすっかり変わった現在も、

「時間をかけてでも、いい運動会にしましょう」

校長が音頭をとって、職員会議が進められていく。もう学校をあげて運動会の準備をする余力などないのに、誰もそんなことは言わない。

私はかつて学力向上には寄与しない運動会に疑問を持ち、会議で廃止を提案したことがあったが、

「先生はいったい何を言っているんですか……」

正気の沙汰ではないと言わんばかりの反応が待っていた。

学校の運動会はやめるにやめられない事情のうえに成り立っている。せめて少しでも簡

略化しようと思っても、地域や保護者がそれを許さない。学校はそれをわかっているから、時間をかけてでもフルスペックの一大イベントとしての体裁を整えようと必死になる。

一時はコロナ禍で華美な演出が減っていたが、このところ再びかつての運動会の姿に戻りつつあるという話も聞く。

「今までずっと続いてきた大切な行事だから……」

この変わることのない思考パターンから、どうすれば抜け出せるだろうか。

つぶされる授業時間

運動会では、子どもたちが喜々として活躍している姿を披露しなければならない。なぜなら、一人ひとりが輝いている様子を保護者に見せないと、

「うちの子、何かつまらなそう……。去年は楽しそうだったのに」

今年の担任はハズレだという烙印を押されてしまうからだ。子どもが最高の笑顔を見せられるように、担任は最大限の配慮をすることとなる。

そのために必要なのは、やはり事前のこまやかな準備である。運動会の準備のために設定してある時間だけでは、まったく足りない。そこで、学活（学級活動）の時間を利用したり、通常の授業をつぶしたりして、完璧を目指すことになる。運動会のために、授業進度が犠牲になっているのだ。

また、運動会を通して「いかにクラスがよくまとまっているか」をアピールするためにも、準備時間のオーバーはやむなし、という価値観も学校には根強く残っている。子どもたちにしても、通常なら授業がある時間帯に運動会の練習をするので気分が高揚するということもあるのだろう。授業時間をつぶすことに文句を言う子どもはいない。

ただ、ここであえてきびしい言い方をさせてもらうと、運動会が大成功に終わっても、そこから得られるものはあまり多くないということだ。運動会の準備をする過程で子どもたちが主体的に考え、まわりとコミュニケーションをとり、いろいろな判断を下していくという経験を積めればいいが、現在の運動会はそういうものにはなっていないからだ。

見た目の華やかさを重視し、

「今年の運動会、ぱっとしなかったと思わない？」

あとで保護者にそんなことを言われないようにするのが大事なのだ。

「やっぱり、○○先生がいないと、表現力に問題ありね」

というような感想を耳にすることもある。演出面で成功に導けなかった教員は批判の対象になることさえある。そんな状況だから、教員は強迫観念に襲われ、授業時間をつぶすこともやむなしという判断にいたるのだ。

運動会の準備なのだから、つぶれる授業時間を「体育」の時間と置き換えればいいのではないかと思われるかもしれないが、それは不可能だ。そんなことをしたら、体育に割り振られている年間指導時間を大幅に超えることになる。そこで、

「今年は運動会の練習は、国語の時間ということにしておきましょう」

そんな時数（授業の時間数）合わせのための打ち合わせをすることにも、罪悪感を持たなくなってしまっている。

たしかに運動会は学校の一大イベントだが、現在のあり方はあまりにも問題が多いと私は考えている。運動会の準備をするために、

「そんなに役に立たないから、書写の授業をやめましょう」

「まあ、家庭科は社会に出てから使わない内容ですし……」

学校の存在理由をみずから否定するような議論がまかり通ってしまっている。

実際には、書写の授業によって新たな世界と出会う子もいるだろうし、家庭科の時間に日常の暮らしについて真剣に考える子もいるはずだ。子どもが成長するきっかけは、どこにあるかわからない。だからこそ学校は、すべての可能性を子どもたちに提供し、伸びるチャンスを用意しなければならないのだ。

現在の運動会至上主義は子どもたちの可能性を奪ってしまっていることに、学校は早く気づくべきだ。

盛り上がる職員室

運動会が終わり、校庭の片付けがすむと、全職員が職員室に集まる。運動会を取り仕切った体育主任が挨拶をする。

「みなさんの力で、無事運動会が終わりました。子どもたちも全力で頑張ってくれました。ありがとうございました」

高揚した口調で感謝を伝えると、校長が続ける。

「さて、運動会が終わって、ようやく落ち着いて勉強できます。みなさん、これからもよろしくお願いします」

その後、職員室でお茶を飲みながら一日の出来事を振り返るのだ。

「いやあ、一年生のダンス、最高にかわいかったですね」

「二年生のほうは、さすがに統率がとれていたんじゃないですか」

といった具合に、たがいの健闘をたたえて盛り上がる時間だ。ひとしきりくつろいだころに、体育主任が改めて教員に向けて言う。

「運動会の反省についても忘れないでくださいね」

これが運動会終了後の学校の一般的な光景だ。

私はこうした言葉を耳にするたびに、いくつかのことを疑問に思っていた。

まず、「運動会が終わって、ようやく落ち着いて勉強できます」という校長の言葉だ。運動会が日常の勉学の妨げになっていたことをはっきりと認めている。

たしかに運動会の準備期間中は、学校全体がフワフワした感じになり、勉強は二の次といったムードが学校全体を支配する。だが、こうした校長の発言は、学校行事のために子どもたちが平常心を失っている状況を是認するのに等しい。本来であれば、

「来年からは、運動会があるからといって勉学がおろそかになることがないようにしてください」

と言うべきではないだろうか。

心をかき乱されるような出来事があろうと、自分のやるべきことはしっかりこなす。これは大人になってからも必要な態度である。運動会がそうした態度を学ぶ機会になればいいのだが、問題は、子ども以上に運動会に気をとられているのは学校のほうだというところかもしれない。

次に、「子どもたちも全力で頑張ってくれました」という言葉も気になる。一つの学校行事に全力を尽くすことは否定しないが、

「運動会が終わって、子どもたちはちょっと燃え尽きているようです」

という言葉を、これまで何度となく耳にした。運動会そのものをゴールにしてしまった証である。子どもたちには、運動会程度で燃え尽きてもらっては困るのだ。そのためにも学校は、

「たかが運動会じゃないか」

くらいの姿勢を持っていたい。

最後に、「運動会の反省」である。これも子どもたちの未来を見据えて行なうべきだと思うが、現実には、

「一年生のかわいいダンスに見とれました。来年の一年生もこの方向で！」

「転んでも最後まで駆ける姿が素晴らしかったですね」

思い出の一ページを口にするだけだったり、

「玉入れの玉が老朽化しているのが気になりました」

あまりにも個別具体的な指摘だったりする。

ここでも大切なのは、子どもたちにどんな力が付いたのかという視点だ。運動会に取り組む過程で子どもたちはどう成長したのか。今のやり方で本当にいいのか。そういった本質的な反省が必要である。

そうした議論が展開されたことは、私の教員生活では一度としてなかった。

哀しき合唱コンクール

私は合唱そのものは好きなのだが、合唱コンクールへの取り組みが昔から苦手だった。特に本番が近づいてくると、休み時間まで指導することになる。

たしかに、合唱は時間をかけて指導するほど完成度が上がってくる。ただ、精神的にかなりキツい。子どもたちに同じ曲を何度となく歌わせ、たいして歌が好きでない子どもにも長時間の練習を強いるからだ。

合唱コンクールが近づいてくると圧力が一気に高まってくる。ついには休み時間だけでなく、朝の会にも合唱の練習が入ってくる。朝の会の通常プログラムは一旦中止。中には、そこまで力を入れる必要はないと思う担任がいるかもしれないが、美しい歌声が各クラスから聞こえてくると、

「あなたたちのクラスは、今のままで大丈夫？」

そう問いかけられているように感じるのだ。

朝の会は教育課程の範囲内だが、休み時間にまで子どもたちに合唱の練習をさせるとい

うのは適切なのだろうか。

休み時間の重要性を教えてくれる作品として、ここで、児童文学作家の故・灰谷健次郎氏の『きみはダックス先生がきらいか』についてご紹介したい。

ある学校にうだつのあがらない中年教員が赴任する。隣のクラスの若い先生と比較してがっかりする子どもたち。まるでダックスフンドのような体型から、子どもたちに「ダックス先生」というあだ名を付けられる。クラスには、給食を食べるのが遅い子、夜に一人お店で買い物をしてしまう子、授業中に奇声を上げる子がいる。だが、ダックス先生は叱らない。子どもたちは、そんなダックス先生に愛想を尽かしかける。

ただ、ダックス先生が食べ終わるのが遅い子を叱らないのは、姿勢咬合《こうごう》があるのを知っているから。夜の買い物は、小さい弟妹のお世話のため。授業中の奇声は発達障害があるため。ダックス先生はそのことを全部承知しているということに、子どもたちはやがて気づいていく。

そんな味わい深い作品の中で、自由時間の使い方についてダックス先生はこう言っているのだ。

「自由な時間をどうすごすかということはとても大事なことなんです。あそび時間はあなたたちの学校生活の中でたった一つの自由時間ですから、あなたたちが自由に使う権利があります。本の好きな人は本を読んでもいいでしょう。音楽の好きな人は笛をふいたり、オルガンをひいてもいいでしょう。もちろん、運動の好きな子は運動場に出てからだをうごかすのもいいのです。それぞれが自分の考えで決めればいいので、一つのことをおしつけるというのはよくありません」

まったく同感である。こんな言い方はしたくないが、子どもの自由な時間を奪うということは、権利の侵害でもあるだろう。他にやりたいことがあるはずなのに、

「みんなでいいものをつくりあげよう」

という同調圧力のもとに、その自由を制限するからだ。

学校といえども、本来、人の自由を奪う権利はない。大人が大人にたいして同様のことをしたら、下手をすると訴えられるようなことでも、学校では相手が子どもだからという理由で、なおざりになる場合がある。

他のクラスの担任に馬鹿にされないため、保護者に指導力不足の烙印を押されないため。そのために貴重な自由時間が奪われる子どもたちこそ、いい迷惑である。

できない子どもには個人練習

『きみはダックス先生がきらいか』には、合唱の場面も登場する。先生は、子どもたちの歌声を元気のない、いじけたものだと評する。そして、シゲルという男子児童に向け、口を開けているだけで少しも声を出さない理由を問う。

「あなたの声はきたないから口だけ開けて、歌うまねをしていなさいって、前の先生が言うたんや」

正直にそう答えるシゲルにたいして、ダックス先生はこう励ました。

「シゲル君、体を使って自然に声を出しなさい。そうするとだんだん、いい気持ちになってきますから。そんな歌い方でいいんです。みんなもカンちがいしてはいけませんよ。学校の音楽は、音楽のよくできる子のためにあるんではありませんよ。歌のうまく歌える子のために、毎日、合唱の練習をしているのではないですよ。人間の声は一人一人ちがうのです。ちがう声がひびき合うから美しいのです。美しい声だけを集めるのが音楽ではありません」

今は人権を重視する時代なので、音痴な子どもを露骨に排除するような指導はしない。だが、音を外す子にたいしては、個人練習を重ねる指導は続いている。その子が気持ちよく歌っていたとしても、あまりに音程がずれていたら、合唱としての完成度が落ちるからだ。一人のために台無しになるようなことだけは避けたい。そこで、

「当日、困らないようにね」

本人を助けるという大義名分で、個人練習するのだ。

「あの子がいつも音を外すから……」

職員室で愚痴る教員を何度も見た。決して、子どものことを心配しているわけではない。あくまでも自分の評判の問題なのだ。

いくら指導しても音を外す子を気に病む教員には、こう声をかけたい。

「それも含めて、その子なんです」

個性、個性と言いながら、音痴という個性は認めていないのだ。

歌が下手な子どもにたいする強制的な歌唱指導は、子どもたちのあいだで行なわれることもある。休み時間に子どもたちだけで練習している光景を目にすると、

「自分たちだけで感心だね」

教員間では賞賛の対象となる。だが、はたしてそうだろうか。子どものほうは、担任の意向を汲みとってやっているだけではないだろうか。それは主体性とはまるで逆の発想である。

個人の自由時間が奪われ、教師に忖度する子どもまで出てくるようでは、学校行事のねらいから逸脱していると考えるほかないのではないか。

「いいクラス」である必要などない

そもそも、合唱コンクールでクラスが学年で一番になったとして、そこにどんな意味があるのだろうか。担任にとってはその結果がとてつもなく大きな意味を持つのかもしれないが、それだけのことではないだろうか。

私は職員会議で、合唱コンクールなど不要ではないかと言ったことがあるが、返ってきたのはとんでもないという反応だった。

「合唱コンクールを通して、クラスみんなの輪を深めるのです。みんなで頑張って歌って、いいクラスになるんですよ」

何人もの同僚がそんなことを言うので、私も反論を試みた。

「いいクラスをつくることに、どんな意味があるのですか」

「子どもたちが幸せになれるじゃないですか」

「学校生活に限って言った場合に、子どもたちの幸せって何ですか」

「このクラスでよかった、と思えることです」

これ以上、話をしても意味がないと思って、そこで私は質問するのをやめた。私は「いいクラス」という考え方そのものが好きではないからだ。子どもたちにも今まで「いいクラス」ではなく、「いい個人」を目指そうと言ってきた。

「いいクラスかどうかというのは、君たちの人生には関係ないよ。今のクラスはやがてクラス替えでなくなるし、高校や大学に入ると、昔のクラスメイトなんてまわりにほとんどいなくなります。でも『いい個人』になっておけば、どんな集団に属しても自分の力を発揮できるし、幸せな日々を過ごせるでしょう。『いい個人』は、一生を通して自分を支えてくれるよ」

ここまで言葉を添えて話をすると、多くの子どもたちが理解を示す。

合唱コンクールに関する取り組みの中では、頻繁にクラスや集団という言葉が登場してくるが、一方で個人は完全に集団に埋没した存在になる。その結果、音痴な子どもに声を潜めさせるような自己犠牲的な行事になっている。

学校は個性のある個人が集まる場であるべきで、合唱コンクールもその個性が反映した行事であるべきではないだろうか。そこで生まれるハーモニーこそ、本物なのだ。

ラグビーでは、よく「ONE FOR ALL, ALL FOR ONE」という言葉が用いられる。学校では「ONE FOR ALL」の意識は十分なので、今後はムラ社会的な意識を改革するために、「ALL FOR ONE」を重視していきたい。音が外れた子が独唱を担当してもいいではないか。本人が希望するのであれば、認めることもありだと思う。

第6章 なぜ序列化したがるのか

変わらない通知表

中学の通知表は高校受験との関係もあるので、ある程度の数値化はやむをえないのかもしれない。だが小学校の通知表は、もっと工夫があってもいいのではないだろうか。

「通知表なんて書き方が決まっているから、無理なんじゃないの？」

そんな反論が寄せられそうだが、そんなことはない。通知表は公簿（法令にもとづいて公の組織が作成する記録・帳簿）ではないため、じつは出さなくてもいいものなのである。

通知表については、出す出さないだけでなく、書式についても各学校の判断に委ねられている。だが実態としては、各市町村の教育委員会が書式を定型化している場合が多い。たとえば各教科の評価については、「よくできる、できる、もう少し」だったり、「◎○△」または「ABC」と記号やアルファベットで記載したりしていることが多いのだが、三段階で評価することが絶対的なルールというわけでもない。本来は、何をどう書いてもいいものなのだ。

たとえば、算数の知識・理解面で「◎」を獲得できても、それはたんにテストの点数がよかったというだけの話である。そうした結果だけではなく、粘り強く取り組む姿勢なども授業や学校生活の中で見ていき、その評価も忌憚なく通知表に盛り込んではどうだろうか。

今まで何人かの校長に通知表の改訂案を伝えてきたが、

「できれば、いいですよね」

基本的なアイデアに賛同は得られても、実現に至ったことはない。やはり自分の学校だけ変わったことはできないのだろう。通知表のあり方については、

「現行の通知表でも、十分に人間性を評価している。成績の評価以外に書く『所見』の欄がそれに該当する」

そんな反論もあるかもしれないが、教員が苦心に苦心を重ねて書く総合所見は保護者の注意をたいして惹かない。その証拠に、所見に関する保護者からの問い合わせはほとんどない。

そもそも、保護者のご機嫌を損なわないように学校は万全の注意を払って所見の欄の記述をチェックしているから、本当に伝えるべきことなど現在の通知表では書きようがないのだ。

現在の通知表で書くことが許されるのは、差しさわりのない意見ばかりだ。校長は、「通知表は一生とっておくものなので、子どもたちのいいところを見つけて褒めるようにしてください」

そんなふうに教員に伝えている。

本来なら、社会に出たときに武器になりそうな長所も、今のうちに直しておきたい短所も、本人の未来のために正直に伝えるべきではないだろうか。学校はその子の人間性についての評価を、もっと正直に伝えるべきだと私は考えている。「未来の彼ら」にたいする責任を持つことこそ、学校の役割だからだ。

変わらない教員の意識

学期末、それぞれの担任が通知表の成績を付け終わると、学年全体で、どの程度「◎〇△」を付けたかの確認作業が始まる。担任が気にするのは、「◎」と「△」の数である。◎が少ないと指導力不足ということになり、△が多いと個別のケアが足りなかったのではないか、ということにもなる。

たしかに担任の指導力の問題もあるのだろうが、子どもたちの特性とも関係しているので、各クラスで「◎」や「△」の数の差が出るのは当然である。だが学校はなぜか、そこを気にしてしまう。

「先生のクラス、ちょっと◎が多すぎませんか」

「じゃあ、もう少しきびしめにしましょう」

「ウチは△が多くなってしまっていますが、どうしましょうか」

「それなら、他のクラスも若干△を増やすことにしましょう」

教員同士で、このような会話が平然と行なわれているのだ。

本来、設定目標に到達しているかどうかで評価されるべきなのだが、大人の事情による調整が日常的に行なわれている。由々しき事態だ。

学校というムラ社会では、子どもにとって教育的価値がないことまで足並みをそろえたがる。

「掲示物を貼る時期をそろえましょう」

「朝の会のプログラムをそろえましょう」

「運動会にはおそろいのTシャツで参加しましょう」

ふだん、こうしたどうでもいいことまで歩調を合わせているから、「◎○△」の数もある程度そろえたくなるのだろう。

この傾向は年々悪化しているように思える。成績に関しても保護者のクレームが増えてきたためだ。少しでも説明しやすくしておくために、安易に、

「みんなで◎○△の数をそろえておきましょう」

ということになるのだ。これでは、教員一人ひとりが独立した目で子どもを見ていこうという気風はなくなる。

自己保身に端を発する横並びの意識に加え、子どもたちを社会に送り出すのだという覚

悟の欠如が、旧態依然とした通知表を存続させているように思える。

いまだに残る平均点

学校の評価は、じつは相対評価ではなく絶対評価で行なうことになっている。全体の中での比率など考慮せず、目標にどの程度到達しているかをそれぞれ評価するのである。したがって、クラスの全員が目標にしっかり到達していれば、全員「◎」でも本当は問題ないはずなのだ。

しかし前項で述べたとおり、実態はそうなっていない。そして、いまだに平均点を出して、それにもとづいて全体の中での相対的な序列を確認する作業も行なわれている。平均点によって、それぞれの子がクラスの平均より上にいるか、下にいるかを見るわけだ。さらにクラスごとの平均点を出すこともある。

小学校では業者テストを実施することがあるが、国語や算数の模範解答と併せて「予想平均点」が記されていることもある。全国的に見て、普通の子はこのくらいの点数をとっているという目安として出しているのだろう。

各クラスの担任にしてみれば、自分のクラスの平均がそれを上回っていれば安心材料となり、劣っていれば反対に懸念材料となる。業者のほうは、目安となる数字を知りたいという現場教員の要望を受け、あくまでも参考数値として出しているはずだが、その数字が大きな意味を持ってしまうのである。

だが、たとえば「予想平均点」が八〇点だったとしても、その点数を超えればいいというものではないだろう。小学校で八割しかできていなかったら、中学校に入ってまったくわからなくなる可能性もある。

小学校の授業で教えている内容については完全な定着・理解を目指すべきで、そもそも平均点という考え方はなじまない。なのに無頓着に平均点を出して子どもたちを序列化し、さらにクラスを序列化するようなことも平気でやっている。それは意味のない数値化ではないだろうか。

まわりと比較することなく、その子だけを見て評価することの重要性がかつてなく高まっていると私は考えている。集団の中での相対的なポジションなど気にしない自分本意の姿勢こそ、これからの時代に必要な資質なのだから。

いまだに残る選抜リレー

運動会で行なわれる選抜リレーは、学校行事の中で行なわれる種目としては、きわめて異質なものである。

ご存じのとおり、各クラスから足の速い子が選ばれ、大勢の前で持ち前のスピードを披露する。これと同じことを合唱コンクールでやったら大変な騒ぎになるだろう。歌の上手な子を選抜し、その子たちだけがクラスの合唱とは別に、独自に美声を披露する晴れ舞台をもらうことになるからだ。

では、どうして運動会のリレーだけ選抜方式が残っているのだろうか。結論から述べれば、体育の教科書にリレー種目があるからだ。ただ、リレーを生徒全員で行なうと時間がかかる。極端に足の遅い子は、衆人環視の中で恥をかくことにもなる。それで、選抜された俊足の子たちだけに走らせて、運動会の華にしているのである。

興味深いのは、これだけ人権への配慮が叫ばれている時代に、選抜リレーが残っていることである。コロナ禍の影響を受けて、リレー競技がすべてなくなった学校も多いらしいが、保護者から異論が噴出し、再び選抜リレーを行なうことにした学校もあると聞く。日本人はバトンをつなぐ競走そのものが好きなのかもしれない。

「特定の子どもだけが走ることを許される選抜リレーは、教育機会の平等に反する差別だと思います」

などというクレームはほとんど寄せられないからだ。

改めて指摘するまでもないが、運動会の選抜リレーは、子どもたちを「足の速さ」で序列化したものだ。それが多くの学校でいまだに残っているということは、大人も子どもも心の中では序列化を求めているということなのだろうか。

「それは違います。運動会のリレーはみんなで盛り上がります。だから、種目として残したほうがいいと思います」

以前、選抜リレーの存続を児童総会にかけたとき、ある子が言っていた言葉だ。選抜形式でのリレー種目の廃止・存続を子どもたちの多数決で決めることにしたのだが、圧倒的多数で存続に決まったのだった。

私はクラスに戻ってきて子どもたちに尋ねてみた。

「選抜リレーは不公平だとは思わないの？」

本心を知りたいと思って聞いてみると、

「思いません。自分が走っていなくても、応援というかたちで参加しています」

多くの子どもたちの意見がそうだった。

「なら、絵の上手な子だけの作品が飾られる図工展があったら？」

という問いにも、問題なしとする回答が大部分。子どもたちは得意・不得意による序列化を普通に受け入れているようなのである。子どもたちが是とした以上、私がつべこべ言うことはないと思ったものだった。

ただ、子どもたちにそうした意識を浸透させたのは、われわれ大人なのではないかという気がしてならない。少し前から、スクールカーストという言葉も一般化している。学校の中での子どもたちの固定的な序列を表したもので、

「あのグループには入りたくないよね」

下層だと決めつけた相手を見下し、優越感に浸っている子もいる。小集団の中での序列にこだわっているようでは先が思いやられるが、ムラ社会の論理が貫徹している現在の学校にいるかぎり、子どもたちの視野も広がりようがないのかもしれない。

急速な勢いで人工知能が進化していく時代だからこそ、人間は序列化とは逆の価値観を

大切にすべきだと思う。序列化は人工知能の得意分野で、すべてを序列化していったら、いずれは人間そのものも淘汰されるはずである。

人間なのだからこそ、人間性で勝負したい。子どもたちがそこに目が行っていないとしたら、学校にも責任の一端はある。

「学校では、人間性を大切にするように言っています」

そんな反論が聞こえてきそうだが、本当にそうであれば私から聞きたい。

「通知表は、人間性を適切に評価する書式になっていますか。テストの平均点の扱いは？　運動会では、選抜リレーのような序列化を助長する種目を残していませんか」

すべてを序列化する流れを変えるために、具体的な方策を考えるべきときである。

第7章 出でよ、異端教員

誰もが誰かに監視されている社会

多くの教員が、本当はもっとこうしたいという自分なりの理想の教育観を持っている。だが、ほとんどが打たれる杭になることを恐れて、行動には出ない。子どもたちには、「正しいと思ったら、進んで行動しなさい」と言っておきながら、いざ自分の責任になると尻込みする。なぜなら、自分が目立つことをして非難の的となったとき、誰も助けてくれないことを知っているからだ。

先輩教員が、

「あとは私にまかせておいて」

頼もしい声かけをしてくれることはなかなかない。

「何があっても大丈夫ですよ。何とかしますから」

そんな豪傑タイプの校長は絶滅してしまった。多くの教員が、ただただ何もトラブルが起きないように、息を潜めるようにして学校生活を送っている。

絶対に打たれる杭にはなりたくない、なってはいけないという気分は、著名人も含め日本中に広がっているように感じる。政治家の発言などでも、

「えっ、この程度で問題なの？」

びっくりするほど些細なことで大騒ぎになっている。一億総監視社会は新たなステージに入ってしまったようだ。

たとえば、バスの乗務員が業務中に水分補給していたことに腹を立て、バス会社にクレームをつけた利用者がいる。水分不足で熱中症にでもなったら、それこそ乗客の安全を脅かしかねない。そんな常識的な推測もできず、他人の行動をあげつらい断罪するのだ。

家庭訪問の途中でトイレに行きたくなり、コンビニに立ち寄った教員が、何か買わなきゃ悪いと思って買い物をしたところ、

「勤務時間中なのにコンビニでサボっていた」

地域の人から学校に通報されたという話も聞いた。まわりの人間を監視し、少しでもルール違反、マナー違反だと思ったらクレームをつけ、ひどいときにはネットに晒したりする。そういう時代になってしまったのだ。

こんな状況では、怖くて目立つことなどできるはずがない。誰もが、なるべく矢面に立たないように気をつけている。だが、大人がこんなていたらくでは、子どもたちはどうなってしまうのだろうか。

「大人になるのも、社会に出るのも怖い」

多くの子どもがそう思ってしまうのではないだろうか。むずかしいことではあるが、何とか学校から現状を打開していきたいところである。

授業のやり方まで「みんなと同じ」

年度が変わった最初の学年会（同学年の担任が集まる会議）。その年をどういう方針で過ごしていくのかを確認するのだが、よく話題になるのが音読の宿題についてである。

「毎日の宿題にするのか、授業の進度に応じて適宜出すのか。どちらがいいでしょうか」

そうしたことが真剣に話し合う議題となっている。

だが、私は音読の宿題は出さない方針である。音読は保護者の協力が不可欠な宿題だからだ。保護者が関わることが前提となっている宿題を、学校は強制すべきではない。たとえば両親ともに仕事をしていて、二人とも遅い時間にしか帰宅できなければ、子どもは通常の就寝時間を過ぎた時刻に、疲れて帰ってきた保護者の前で音読することになる。

たしかに、声に出して文章を読むことは大切だが、それは学校の授業の中で十分にやれる。そのような理由から音読の宿題を出さないわけだが、

「先生。それでは困ります」

同学年の同僚からよくそう言われたものだ。何が困るのかと聞くと、

「先生のクラスだけ音読の宿題を出さないとなると、他のクラスは余計な宿題を出している、と思われかねません。だから、学年として足並みをそろえておきたいのです」

この場合は、私が出る杭なのではなく、他のクラスが（音読の宿題を出すという）出る杭になってしまう、ということのようだった。話は平行線をたどり、結局おのおののやり方

で進めることになったが、保護者から特別な指摘を受けることはなかった。

授業の方法に関しても、他のクラスと足並みをそろえるよう要望されたことがある。授業の内容ならば、たしかにそろえられる。教科書を中心に授業を進めているので、自然と内容はそろうようになっている。だが授業方法をそろえるのは容易ではない。たとえば国語の授業で、

「ここでは登場人物がどう思ったのか、子どもたちに聞いていく授業にしましょう」

と言われても、私にはまるで納得がいかない。

私なら擬態語や擬声語、接続語が段落ごとにどう使われているのかを調べさせ、作者の文章表現上の工夫を読み解いていくような授業にしたい。登場人物がどう思ったのかなど、そもそも作者にしかわかるはずがないではないか。

そうしたことを学年会で話したこともあるのだが、

「それはわかりました。ただ短時間でもいいので、登場人物の心情を聞いてみるのは無理ですか」

何とか同じ質問を授業に入れてほしいようで、話は最後まで平行線のまま。気まずい雰囲気になってしまった。

授業は山登りのようなものだ。目指す山頂（授業目標）は決まっているものの、登り方やルート（授業方法）は担任が決めるべきもの。登山ルートまで決めてしまうような提案を、教員は安易に受け入れるべきではないと私は考えている。

ただ、そうした提案をしたくなる理由は理解できる。

「あの先生のクラスのやり方は、他の先生とは全然違いますよね。本当にそれで大丈夫なんですか」

保護者に疑問を呈されることを怖れているのだ。

「〇〇先生のあのやり方だから、ウチの子の成績が伸びないんじゃないかと思うんですが、何とかなりませんか」

そんなクレームに直面するのを想像し、予防線を張ろうとしているのだ。

子どもたちそれぞれに個性があるように、担任にも個性がある。そして、同じ教員が授業をしたとしても、クラスの構成メンバーが変われば授業の展開は変わる。授業は生き物なのだ。

教員の多くは、それを知っているはずである。だが、それでも何でもかんでも同じにしようとする風潮がなくならないのは、やはり現在の監視社会の弊害でもあろう。残念なこ

とに、子どもたちも、

「なるべく、みんなと同じにしなくちゃ……」

まわりと異なることを極端に怖れるマインドを植えつけられてしまっている。だから学校の側がもっとおおらかに、もっと大胆に教育していかないといけない。そういう教育をしないと、子どもたちはますます生きにくくなっていく。われわれ大人に突きつけられた課題であろう。

名前を忘れられる教員たち

以前、ある保護者とこんな会話をしたことがある。

「去年、担任だった先生の名前を覚えていないんですよね。考えてみると、その前の担任の先生の名前も……」

この保護者の方は何の気なしに言ったのだろうが、学校関係者にはグサリと突き刺さる話だ。理由を尋ねてみると、

「どの先生もあんまり特徴がなくて……」

同じく悪びれることなく答えてくれた。

「でも、先生ごとに差が出ないように、余計な特徴を出さないように求めたのは、保護者のみなさんなんですよ。何か特別なことをすると、他のクラスとは違うって、教員は寄ってたかって責められるんですから」

思わずそんなふうに言い返してしまったが、ここでこの保護者ははじめて神妙な面持ちになって言った。

「どのクラスも同じようにしてほしいって要求するのに、気分によってはもっと先生の個性を出してほしいとも言う。たしかに、私たちの責任も大きいですよね」

これは、まったくそのとおりなのである。

これまで長きにわたって、保護者だけでなく、地域社会やマスコミなどもこぞって個々の教員の個性を余計な物だと見なし、学校にたいして教員の個性が反映されない規格化された教育を求めてきた。その結果、教員のほうは個性を見せないように振る舞うのが基本姿勢になったのである。今さら個性を発揮するように言われても、手遅れだろう。

初任のころ、私は先輩教員に呼ばれて、唐突にこんな激励を受けたことがある。

「決して自分の個性を忘れないようにしよう。個性がなくなったら、もう君ではなくなる。そうなったら、誰が担任をしても同じではないか。先生である君が君らしくしていれば、子どもだってその子らしくいられる。教育とはそういうものだよ」

続けて、彼は中学生のときに担任だった教員のことを話してくれた。

「この担任は個性の塊のような人でね、いきなり朝の会にラジカセを持ってきたと思ったら、俺の好きな曲だから聞けって、ジャズを聞かされた。何だ、この変な音楽はって思ったね。バスケットボール部の顧問だったから、クラスのみんなを勧誘していた。私なんてたいして背も高くないのに、勝手に入部届を出された。普通だったらイヤになるものだろうけど、でもねえ、いつもギラギラした先生から受けた影響は大きかったなあ。いつしか、こんなに大人になりたいと思うようになっていた」

今そんなことをしたら大変だろう。勝手に入部届を出したりしたら、人権問題だと言って保護者が怒鳴り込んでくるはずだ。

今の教員も、この個性派の先生のように振る舞うべきだとは思わない。ただ、そんな先生がクラスを受け持っていた時代があり、その存在が私の先輩を含む多くの教え子の将来に大きな影響を与えたことは間違いない。

一人の大人が自分という人間のすべてをさらけだして子どもたちと真剣にぶつかることは、当の子どもたちにとっても得がたい経験になるのだ。

「ひょっとしてコンプライアンスに引っかかるのでは……？」

「それって、ハラスメントかも……？」

今や多くの教員がビクビクしながら日々を送っている。周囲の目を気にする没個性な大人に、子どもが惹かれるはずがない。

「保護者を敵に回したら、学校はやっていけない」

現在の教員はことあるごとにそう言われるが、だったらどうすれば学校の独自性を保てるのか真剣に考えるしかない。それをしないで、自己表現をあきらめているようでは、結局は保身に走っているだけだと思われてもしかたがない。一億総監視社会の今だからこそ、学校の出方を再考すべきなのである。

教員は挑戦し、失敗し、立ち上がる姿を見せよう

そもそも学校は「みんなを同じように育てる」ことに執心している時点で、子どもの個性を尊重する場所とはほど遠い。

授業中、集中していない子どもに教員が、

「しっかりと話を聞きなさい」

と注意するのはいい。だが、何かができない子どもにたいして、

「もう一度、みんなと同じようにやってみて」

という言い方で指導するのはどうだろうか。実際、よく耳にするフレーズなのだが、私はよくないと思う。これでは、「みんなと同じ」が無条件に正しいということになってしまうからだ。

授業中、先生の話を聞かない個性など認められない。ただ注意された子が、他のみんなと同じような態度に直す必要はない。その子なりにきちんと先生の話を聞けるようになれば、それでいいというだけの話である。

持ち物についても同様。以前、ある保護者が、幼稚園のときに使ったクレヨンをそのまま持って行っていいか、担任に聞いたそうである。

「みんなと同じものにしてください」

それが担任の回答だったので、幼稚園時代のクレヨンはだいぶ残っていたのに、改めて購入することにしたという。他の子どもと同じでなければ、まわりから何か言われるかもしれないから、そう言ったのだろう。それが子どものためだと本気で思っているのなら、大きな問題である。

個性を伸ばすこととは、失敗しながら学んでいくことにほかならない。多くの子どもがまだ自分の個性や強みに気づいていないから、うまくいかないことがたくさんあって当然なのだ。そうだとしたら、教員の側もみずからたくさん挑戦し、たくさん失敗し、たくさん立ち上がる姿を見せるべきだ。

「ああ、失敗してもいいんだ」

子どもたちはそんな大人の姿を見て、挑戦することへの怖さがなくなる。さまざまな挑戦を経て、自分の個性に出会うのである。

逆に担任がつねに、「みんなと同じ」「他のクラスとも同じ」という姿勢を示し続けていたらどうだろう。教員の側にそのつもりはなくとも、「個性を発揮すること＝悪いこと」というメッセージが子どもたちの心に植えつけられるのではないか。

子どもは、身近な大人をモデリングして育っていく。大人がやっている様子を見て、これは自分にできそう、無理そうだと判断していくのだ。家庭では無理だと判断したことでも、教員が平気でやっている様子を見て、

「これって、全然無理じゃないかも……」

自分の可能性の範囲を、少しずつ広げていくことができる。どんなことでもいいから子どもたちに、

「ここに自分の可能性がある」

と気づかせる。それが本来の学校生活であるべきだ。

もし学校に少しでも教育機関としての気概が残っているのなら、教員は進んで打たれる杭になるべきだろう。そんなことは少しも怖くない。

本当に怖いのは、子どもの個性を押さえつけ続けているのに、「先生」と呼ばれている現状だ。怖いのは、社会に出たら通用しない人間を育成してしまっていることだ。そして、保護者に名前も忘れられてしまうほど、存在感のない教員でいることなのだ。

校長・教育委員会の事なかれ主義

校長や教育委員会の職員も、保護者と余計な揉めごとを起こしたくないと思っている。だから、担任が保護者からクレームを受けたら、

「とりあえず、謝っておいてください」

多くがそうなる。何も落ち度がないのに謝罪するのは、教員としての矜持に関わる。本当のことを言うと、担任は謝罪などしたくない。謝罪すべきは保護者のほうだとも思っている。

だが結局は、校長や教育委員会からの、

「ここで問題が大きくなると、学校としては困りますので……」

という圧力に抗えず、不本意ながら謝罪することとなる。

校長も教育委員会も、教員が保護者と揉めるとやがて自分に火の粉が降りかかると思っている。そんな怖い状況は避けたい、または面倒だと思っているのだ。

現場の教員の立場で言わせてもらえるなら、教育委員会には、

「その程度のことで学校に電話しないでいただけますか」

このくらいは保護者に言ってもらいたい。校長には、

「親御さんがそんなに冷静さを失ってしまったら、お子さんがかわいそうですよ」

人生の先輩として、感情的になっている保護者を上手に諭す役目を担ってほしい。

だが、そんな対応は望むべくもないのが現状である。内心まったく納得できないクレームでも、教員は謝罪に徹して嵐が過ぎるのを待つしかない。

教員が置かれている状況をうすうす察しているからだろうか。以前は、教員になりたいと口にする子どもがクラスにたくさんいた。だが昨今は、教員志望の子どもがゼロというクラスもある。

子どもたちの目に教員の仕事がどう映っているのか、尋ねてみたことがあるが、

「興味はあるけど、いつも忙しくてキツそう」

「いろいろ気を遣ってそう。帰るのも遅くてかわいそうだと思う」

どちらかと言えば、同情される対象になっているようだった。もはや危険水域である。

ＪＲ東日本は先日、カスタマーハラスメント（カスハラ）に対する対応方針を打ち出した。乗客による職員への理不尽な要求には対応せず、悪質と判断した場合には警察や弁護士な

どに相談して厳正に対処するというのだ。学校も「クレームがきたらとりあえず謝罪」という解決方法を一掃すべく、新たにガイドラインを制定してもいいのではないだろうか。

判断を丸投げすることの危険性

校長や教育委員会の言うことには服従するしかない、というメンタリティーが浸透した結果、教員は自分で決めることができなくなってしまった。

「校長先生。保護者からイジメについての相談があったのですが、どうしたらいいですか」

教員はあわてて校長の裁定を仰ぐのだが、校長も自分だけでは判断できずに教育委員会におうかがいを立てることになる。教育委員会は教育委員会で、

「校内でイジメ防止対策会議を開き、対応を検討してください」

学校に差し戻す。時間ばかりかかって、何も解決しないのだ。

自分のクラスでイジメがあるのなら、担任はその日のうちに対応すべきである。みずからの責任において、

「わがクラスにイジメがあることがわかりました。すぐに会議を開いて対応の検討をお願いします」

ここまで言えるくらいでないといけない。コンプライアンスという言葉を曲解し、何でも管理職に報告して、最後は校長に決めてもらう。そんな決められない担任のもとでは、決められない子どもが育つのではないか。

私は五年ほど前に、小学校三年生の担任をしたことがあった。社会科で「火事からまちを守る」という単元。校内の消火設備を確認したあと、ある子が言いだした。

「先生。学校の外にある消火設備も調べたい」

校外に出るには、校長の許可がいる。職員室に戻って確認しようとしたが、不在である。教頭も出張でいなかった。管理職はいない状況だったので、私は自分の判断で校外に出た。学校の周囲を囲うフェンス沿いに歩いて確認するだけなので、危険なことはまったくないと判断したからだ。

校外に出たところで、一人の男子児童がつぶやくのが聞こえた。

「先生が自分で決めればいいんだよ」

ハッとする言葉だった。こんなふうに教員を見ている子がいることに愕然とした。いい大人が判断をいつも丸投げしていてはいけないのだ。

二〇一一年の東日本大震災では、マニュアルどおりでなく、その場にいた教員が判断して行動すれば助けられた命がいくつもあったとされる。

「自分で判断して動いて、もし何か大きな問題が起きたら……」

そんなことを思ったのかもしれない。当時の学校関係者は非難を受けたが、もしふだんから教員に判断させる風土が教育界にあったならと思わずにはいられない。

今後、想定外の事態が起こる可能性はより高まると予想される。教員だけでなく、子どもたちにも独自に判断する訓練が必要になってくる。いちいち、「上の人間の判断を待ちましょう」という姿勢では手遅れになることもあろう。

だからこそ教員は出る杭となり、自分から矢面に立つ必要がある。ただ、そのためには校長も教育委員会も腹をくくり、

「担任がよかれと思って判断したことです。それでいいじゃないですか」

という姿勢を内外に見せることが不可欠である。学校をマネジメントする側は、教員に服従を強いるのではなく、絶対に教員を支えるという姿勢を見せてほしい。それが子どもの未来にも好影響を与えるのだから。

名物教師が絶滅した理由

故・石原慎太郎氏の著書『私の好きな日本人』（幻冬舎）。日本の歴史上の人物や個人的交流があった著名人を取り上げて、石原流解釈で描いた本である。一〇人の登場人物の中に、一人だけ無名の画家、奥野肇《はじめ》氏が出てくる。

奥野氏は石原氏が通っていた湘南高校の美術教師である。彼から受けた影響について、奥野氏の印象的な言葉とともに書かれた部分がある。少し長くなるが、教育者とはどのような存在であるべきか、その答えの一つがこの一節にあると思うので、以下に引用させていただきたい。

「彼が私に教えた、というよりも伝えてくれたものは人間の自由、すなわち感性の自由に他ならない。それこそが人生における本物の教示といえるに違いない。

そしていつか私がかつての美術教師とした色の明暗についての議論の話をしたら、あまり興味なさそうに聞いていていたが、

『黒は白地に描くと他のどんな色よりも鮮烈だよ。俺の実家には昔鉄斎が描いていった襖《ふすま》

があるけど、あいつの墨絵は下手な油絵よりもはるかに明るいぜ。鳥居の赤は色褪せるけど、黒は絶対に色褪せはしないよな』

いった後、

『お前な、芸術ってのは勝手にやればいいんだよ。絵だって好きに描けばいいんだ。四角なものでも丸く見えたら丸く描きゃあいいんだ、それが芸術ってもんだよ』と。

その一瞬私は何か雷みたいなものに打たれたような気持ちでそれを聞いていた。

あれは私の人生を決めた啓示の一つだった」

何ともたいした先生である。この奥野氏についての章の最後は、

「あの人こそが私の感性の扉を開けてくれたといえる。その意味で彼は、私にとって実在したたった一人の本物の師だった」

という言葉で締めくくられている。名物という言葉では言い表せない、強烈な個性が言葉の端々から伝わってくる。

私の中学生時代にも何ともユニークな先生がいた。英語の先生である。酒好きな人で、放課後は職員室でよく酒を呑んでいたが、あるとき酔っぱらった勢いで生徒のところにバイクで家庭訪問に出かけた。やがて、アパートに到着し、バイクを停めようと思ったとき

のこと。急ブレーキをかけたため、バイクが転倒してしまった。ひっくり返るバイクの横でもんどりうって倒れる先生。あわてて出てきた保護者が救急車を呼ぼうとしたが、

「それほどのことはありません」

丁重に断った。だが、そのまま家路についても危ない。誘われるままにその生徒の家に泊まり、朝ごはんまでご馳走になったという。翌日、先生は彼の家から出勤している。多少気まずい思いもあっただろうと、家での先生の様子を聞いてみると、

「ちゃんと出されたものを残さず食べていったよ」

恐縮しながらも美味しそうに食べたという。飲酒運転はいただけないが、何ともユニークなことだ。

これからの時代、こんな名物教師が出てくることはあるまい。保護者や地域のきびしい目が彼らを絶滅させてしまったからだ。学校の姿勢も問題だ。どうでもいいようなことも、

「それって、コンプライアンスに引っかかりますよ」

万事、事なかれ主義で自分の首を絞めている。もう風変わりな教員など誕生しようがないのだ。

そして同時に、学校は風変わりな子どもも決して容認しない。教員も子どもも、なるべ

く特徴のない、「みんなと同じ」普通の人間になることが求められる世界だ。

学校という場所は、四角なものでも丸く見えたら丸く描いていい、といったゆとりを完全に失っている。だが、これからの時代を生きる子どもたちには、

「あなたには、それがどう見えているのか」

オリジナリティあふれるモノの見方が要求される。独自性こそが問われるのだ。子どもたちは未来永劫、学校というムラ社会にとどまるわけではない。まずは学校が風変りな教員、風変わりな子ども大歓迎という姿勢を見せるべきではないだろうか。

なぜオシャレな教員がいないのか

先日、校門で子どもたちの登校指導をしていたときのことである。私がピンクのTシャツを着て旗振りをしていたところ、

「先生。鮮やかなピンクのシャツが素敵ですね」

地域の方にお褒めの言葉をいただいた。決してうれしくないわけではなかったが、少し

違和感も覚えた。私が着ていたのは、息子が五年も着ていた、どちらかと言うとヨレヨレのシャツだったのである。ただ教員なのにピンクという組み合わせが珍しかったので、声をかけてくれたのだろう。

前述したとおり、とにかく教員は地味さを求められている。ある種の同調圧力で、「子どもたちにも派手なものはダメだと言っている以上、自分たちも……」

教員一人ひとりが、勝手にそう思い込んでいる。誰もジャージによれよれのシャツにしようと言ってはいないが、結果的に教員の格好はそうなってしまうのである。

ある同僚の女性教員が言っていた。

「歓送迎会がある日だったので少しオシャレをして学校に行ったら、まわりの先生方に『あれっ？』という目を向けられました」

オシャレ厳禁の不文律を破ってしまったということだろう。

ココ・シャネルはこんなことを言っている。

「下品な服装は服だけが目につき、上品な服装は女を引き立たせる」

私はここで女性教員のその日のファッションがどうだったのかを問うつもりはない。私が言いたいのは、すべての教員はもっと上品な服装をすべきということである。なぜなら、子どもたちがしっかり見ているからだ。

「先生、今日もカッコいいなあ」

と思っても、

「自分も明日からもっと派手で目立つ服を着よう」

という気持ちにはつながらないはずだ。教員がオシャレに気を遣うことで、学校の規律を乱すことなどありえないのである。

だが、なぜか学校には暗黙の了解として「オシャレは敵だ」という感覚がある。そのせいで、教員それぞれの個性を子どもたちに示す手段が一つ失われてしまっている。何とも、もったいないことだ。

人間は、一人ひとりがかけがえのない個性を持っている。教員も例外ではない。その大切な個性を職場で発揮し、子どもにぶつけるべきだと私は言いたいのだ。たしかに狭いムラ社会において個性は邪魔になるものだし、求められない。校長や教育委員会も余計な個性を発揮しないタイプの教員を好む。管理しやすいからである。だが、何度も述べているように、これからの社会では、個性がなければ存在価値まで危ういものとなるのだ。

いずれ社会に出ていく子どもたちには、個性の重要性を身をもって伝えていくべきである。ピンクのシャツというのは、そのごく小さな一例に過ぎない。そんな小さなことでも人目についたという一事をもってしても、いかに多くの教員が存在感を消して生きているかがわかる。教員は、もっと自由にオシャレをすべきではないだろうか。

沈黙の職員会議

職員会議も、これまで述べてきたような暗黙のルールが支配している。教員は会議に「いかに目立たないか」という基本姿勢で参加している。

そもそも職員会議は、学校における最高の意思決定機関ではない。学校教育法施行規則第四八条においては、以下のように規定されている。

「小学校には、設置者の定めるところにより、校長の職務の円滑な執行に資するため、職員会議を置くことができる」

つまり最終的な決定権は校長にあり、職員会議はそれを補助する役割を担っているのである。

担任の後ろには各クラスの子どもたちがいると考えたら、担任は彼らの代弁者として意見を述べるべきだろう。たとえば、熱中症のリスクがあるのに「水筒の中身は水か、お茶だけにしましょう」といった、子どもたちにとって不利益と思われる提案については、堂々と反対の意思を示すべきであろう。

だが、多くの教員は挙手して発言することはない。意思表示した結果、「彼は組織にとって面倒な存在なのではないか……」

校長に目をつけられたくないからだ。同僚からも、

「あんなことで、いちいち発言するなんて、何か特別な思想でもあるのか……」

いらぬ詮索をされる懸念もある。だから、目立たないことこそ最高の戦略とばかりに、職員会議は息を潜める時間となるのだ。

大前提として、意見を述べることは礼儀に反する行ないではない。むしろ、問いかけや提案にたいしては何らかの意見を述べるのが礼儀である。だが、それでもなかなか意見が出ないのは、自分だけみんなと違っていると思われるような事態を避けたい、という思惑が教員のほうにあるからだ。

子どもたちには何かにつけて、

「自分の考えを持ちましょう。それを自分の言葉で表現しましょう」

と言っているのに、当の教員はまったくそれができていないのだ。これでは、まわりの様子を見て挙手するのを躊躇する子どもたちを注意できない。

いつから、教員はこんなに消極的になってしまったのだろうか。改めて考えてみても、この時期を境にということはないように思う。徐々にそうなってきたのだ。

特に近年は、余計なことを言うとバッシングを受ける風潮が顕著である。その波は間違いなく、学校にも押し寄せているのだろう。だが、職員会議で意見を言うことまで逡巡するようでは、民主主義の危機ではないだろうか。最終的な決定権を持つ校長にたいして何ら意思表示をしない（できない）のだから、教員は出る杭になることを怖れるあまり、民主的なプロセスを放棄していると断罪されてもしかたないだろう。

「もっと思ったことを言いましょうよ」

そんなふうに同僚を鼓舞する教員も、これまでいなくはなかった。それでも、誰も意見を言わないのだ。

「何か言おうと思ったが、まわりの反応が気になって」

「自分の意見が間違っていたらどうしようと思ってしまった」

あとで周囲に尋ねてみたら、そんな答えが返ってきた。まるで小学生の言い訳のような答えだ。

ひょっとすると、教育改革として真っ先に取り組むべきは、教員の自信を取り戻すための施策なのかもしれない。そのためにも、教員が好きなファッションで学校にこられるように、隣のクラスのやり方を気にせず授業が展開できるようにしてほしい。

そうすれば、職員会議でも言いたいこと、言うべきことを躊躇なく発言する教員が増えるはずである。それは間違いなく、学校を魅力的な場所にするきっかけになる。

それでも教員は「出すぎた杭」になれ

「出る杭は打たれるが、出すぎた杭は打たれない」

経営の神様と言われた松下幸之助氏の名言として知られている。中途半端であったり、まわりを気にしたりしているようでは本物にはなれない。やるからには、思いきり突き抜けるだけの気概を持てという言葉であろう。

教育界もこの言葉を指針にしたいところであるが、現実はきびしい。私自身、旧態依然とした学校のシステムに疑問を抱くことが多く、さんざん抗ってきた。先輩教員から、

「出すぎた杭にはなれてないね。まだまだ、出方が足りないのよ！」

そんな、きびしくも温かい叱咤激励を受けたこともあった。「出すぎた杭」を志した私が、どういう教員生活を送ってきたのかというと、打たれるのを通り越し、つぶされそうになった経験も数々あった。

さいわい私は馬耳東風で乗りきってこられたが、同じように暗黙のルールに逆らい、つぶされた同僚も目の当たりにしてきた。

おそらく、学校には内側から変わっていく土壌がないのだろう。大きな変化のきっかけになるのは、いつも上意下達。一教員の意見にはあれほど強固に反対してきたのに、文部科学省が方針を出したとたん、

「ここは思いきって従来のやり方を見直しましょう」

そんなふうに手のひら返しをする。たとえば道徳の教科化。従来、行事の準備時間が足りないと、

「では、道徳をつぶしましょう」

などという声が公然と上がっていたが、上からの監視が強まると状況が一変する。それまでも必修だったはずだが、マストの授業という意識に変わった。

ムラ社会はその構成員にたいしては強気に出るが、大きな力を持つ国家にたいしては驚くほど弱腰なのである。

こうした学校のありようを、多くの若手教員は敏感に察知している。新採用教員の研修会が終わったあとで話をすると、

「お世話になっているので、上の先生方の言うことはしっかり聞きたいと思います」

「まだ自分はすべての仕事を覚えているわけではないので、とりあえず今は先輩方に付いていくだけです」

「一人で何かアクションを起こす勇気はないですね」

ムラ社会の一員としての自覚が芽生えたことをうかがわせるような言葉が続く。

興味深いのは、これが教員志望の大学生だと、まったく違った状況があるということだ。大学の講義で学生たちに、現在の教員の姿がどのように映るか質問すると、

「校長や教頭の言うことだけを聞いて、自分というものがないように見える」

「若い先生は子どもたちに近い年齢なのだから、もっと子どもに寄り添った姿勢を見せた

らいいと思う」

自分の意思を持ち、問題のある現状を変えていくのだという気概に満ちている。そうした学生が実際に教員としてのキャリアを歩みはじめたとたん、なぜ簡単にムラ社会の価値観に染まってしまうのだろうか。

結局、若い自由な発想を持って教育の世界に入ってきても、日々の授業の大変さ、保護者対応のむずかしさ、授業以外の雑務の煩雑さなどに追われているうち、

「これは、先輩を敵に回したらやっていけなくなる」

危機感を持ち、追従に徹することとなるのだ。異質な存在を受け入れない職員室の空気に敗れるのである。

教育の世界では出る杭は打たれ、出すぎた杭もつぶされる。校長や教育委員会、同僚、それに保護者や地域住民も隙あらばとねらっている。クレーマーの中には、教員を叩くことで自己肯定感を持つタイプ（ナルシスティック型クレーマー）も数多く存在する。

だから今の学校には、出る杭も出すぎた杭も見つからない。大過なく日々を過ごせるように黙々と仕事をこなす教員だけが生き残れるのだ。

子どもたちも高学年になってくると、

「先生も大変ですよね」

こちらの状況を察知して、こんな言葉を教員にかけてくる。子どもたちはしっかり教員を見ているのだ。これではいけない。

教員が自己表現を許されず四苦八苦しているのに、子どもたちが自由に自己表現できるはずがない。この状況は、年月を経れば経るほどもっと悪くなっていくことだろう。まだギリギリ学校現場にわずかでも有志が残っているあいだに、何とかしたいと私は思う。

きっと、そう考えているのは私だけではないはずなのだ。

終わりに

今の学校はものすごい外圧に晒されている。不適切な指導にたいする世の中の目は年々きびしさを増している。文部科学省の生徒指導提要には、

「大声で怒鳴る、ものを叩く・投げる等の威圧的、感情的な言動で指導する」

といったことが不適切な指導と考えられうる例として載っているが、同級生に暴力を振るったり、何かを盗んだりしても平然としている子どももいる。そういう子どもにたいして、教員が冷静に話をして、自分の非を認めさせることができるだろうか。

「○○君がやったのはわかっている。正直に言うのはむずかしいだろうけど、ここは勇気を出して話してほしい」

同僚はときに笑みさえ浮かべて、そうした子どもの指導にあたっていたが、当然ながら

うまくいくはずがない。

「でも、何人かが現場を見ているんだけど……」

そこまで言っても、

「それは、たまたま当たっただけで、暴力を振るってはいないです」

教員が遠慮していることを察知した子どもは、嘘を突き通そうとするのだ。

「いい加減にしろ。おまえが殴りかかったのは何人も見てるんだよ。ここに見ていた人間を全員連れてこようか」

本来なら、このくらいの勢いで指導にあたりたいのだが、不適切な指導になることを怖れ、腰が引けた注意しかできない。そんな事情を察しているのか、

「ねえ、あんまりヒドいこと言うと、教育委員会に訴えるよ！」

子どもに恫喝《どうかつ》まがいのことを言われる状況すらあるのだ。

昨今は保護者の非常識な言動も、ときに常軌を逸したものがある。以前、息子の運動会を見に行ったときのこと。徒競走のゴール地点に女性教員が立っていた。着順を判定するため、ゴール線上で目を凝らしてジャッジしているのだ。その彼女に向かって、

「どけ！　ブタ！」

私の後方から信じられない声が届いた。わが子のゴールシーンを撮ろうと思って陣取ったのに、彼女の立ち位置が邪魔だったのだろう。彼女の背中からは深い悲しみが伝わってきた。

基本的には、保護者から何を言われても教員は泣き寝入り。保護者から暴力を受けた同僚もいたが、

「まあ、ここはわれわれが我慢して……」

校長の一言でなかったこととされたこともある。

今に始まったことではないが、マスコミの論調も偏っている。このところは教員不足を面白おかしく扱っているが、自分たちがその片棒を担いだという意識は皆無である。教員の不祥事があると鬼の首をとったように、

「こんな先生ばかりでは、子どもを安心して学校に通わせられないですよね」

コメンテーターと言われる人たちが、教員全体が犯罪者予備軍であるかのような物言いをしてきた。大多数の真面目にコツコツ働いている教員のことなど、一顧だにされない。

テレビについてもう一つ言わせてもらうと、ある時期以降の学園モノにおける教員の描かれ方も悪意に満ちたものだった。ドラマの中でも教員は戯画化され、愚弄される存在に

なっていたのだ。

そんなパブリックイメージをさんざん流布させておいて、

「全国的に教員のなり手が不足し、現場は大混乱です」

では、マッチポンプもいいところだ。

「四月の新学期からいきなり担任不在。教頭が担任を務めるケースも……」

こうしたニュースが保護者の耳目を集めるのは間違いないが、この現状を憂慮して、問題の本質に切り込むような報道にはめったにお目にかかれない。

学校はこんな内憂外患の状況下で、息を潜めるように運営されている。その現場にいる私が言うのもどうかと思うが、正直言ってもうギリギリである。現状維持が精いっぱいで新しいことに挑戦する余裕などない。これ以上、負担が増えるようなら本当に現場から教員がいなくなってしまう。

ありえない想定ではあるが、教員の日常に即して嘘偽りのない求人広告を出すとすると、

「日々のクレームは当たり前という覚悟が必要です。仕事で何かオリジナリティを発揮しようとしても、出る杭は打たれるので期待しないでください。そんな職場なので、いつも人手が足りていません。もし、それでもよかったら是非、学校にきてください」

こんな内容になるだろうか。大学の授業で手間暇をかけて教職の単位をとるのは、もはや物好きの域に達するのかもしれない。

実際、今は教職のための授業を受けている学生に聞いても、

「一応教職をとってはおきますが、教員になるつもりはありません」

多くが、こういうスタンスである。今のままでは、教員免許がなくても学級担任ができる時代がやってくるかもしれない。文部科学省がこのまま現状に即した手を打たないのなら、何が起こっても不思議ではない。

学校にいる教職員がなぜムラ社会の秩序維持に汲々としているか、おわかりいただけただろうか。現実があまりに切羽つまっていて、新たに矢面に立って何かを始める余力が残されていないのだ。好き好んでそうなったわけではない。そうならざるをえなかったのだ。

だが、ムラ社会的な学校運営ももう限界だ。今のままでは、子どもたちの未来をダメにしてしまう。まず学校が変わる必要がある。教員は子どものために勇気を持つ必要がある。

「子どもたちにはどんな相手とも付き合える人材になってほしいのです。そのためには、

担任一人ひとりが違った学級運営をしているほうが得策ではありませんか」

たとえば、こんなことを保護者に伝える勇気である。

「外見はどうでもいいから、自分で考えて行動すればいいよ。ただし、その責任は自分でとるんだ」

子どもたちに、より大きな自由と責任について考えさせる勇気である。教職員、管理職、教育委員会、文部科学省が一丸となればやれることは多いはずだ。要は意識改革なのだ。

保護者の方々や地域住民のみなさん、そしてメディア関係者にも問いたい。

「立場の弱い担任にクレームをつけ続けて、それで本当にあなたの子どものためになると思っているのですか」

「子どもが問題を起こすと、すぐに学校に電話をよこしますが、あなた方も子どもと同じ地域コミュニティの一員ではないのですか」

「教育現場を面白おかしく報道して、本当にメディアとしての役割を果たしていると思っているのですか」

学校をムラ社会化させているのは、これらの人たちの責任でもある。教員がのびのびとした教育活動を行なえるように、粗さがしをするのではなく支える気持ちを持ってほしいと切に願うばかりである。

そして最後に、文部科学省に言いたい。あなたたちが変わらなければ、日本の未来はない。そのためには、以下のことをお願いしたい。

○無駄な仕事を教員に割り振るのは金輪際やめてほしい。教員が授業の準備に十分な時間を割けるように、環境整備も進めてほしい。

○東京都ではカスタマーハラスメント防止条例を制定しているようだが、モンスターペアレントを撲滅するための法案もつくってほしい。

○学校の横並び体質、前例踏襲体質を真っ向から否定し、教員の尊厳を取り戻す取り組みを具体的に考えてみてほしい。

○そして何より、子どもたちの未来にもっと目を向けてほしい。今のままで何とかなると思っていたら、大きな間違いである。人間の器を小さくするような、ムラの外に出ては生きていけなくなるような教育が続けられているのだから。この国を支える人材を学校で育成し、日本が再び世界と渡り合える礎となるようにしてほしい。教育界が本気を出したら、この国は強い。

すべては、未来のこの国を担う子どもたちのため。事なかれ主義のムラの価値観では、決して、未来の人材は育たない。今こそ立ち上がろうではないか。

著者略歴――――
齋藤浩 さいとう・ひろし
1963(昭和38)年、東京都生まれ。横浜国立大学教育学部初等国語科卒業。佛教大学大学院教育学研究科修了(教育学修士)。現在、神奈川県内公立小学校児童支援専任教諭。佛教大学研究員、日本獣医生命科学大学非常勤講師を歴任。日本国語教育学会、日本生涯教育学会会員。著書に『教師という接客業』『追いつめられる教師たち』『子どもを蝕む空虚な日本語』『お母さんが知らない伸びる子の意外な行動』(いずれも草思社)、『ひとりで解決!理不尽な保護者トラブル対応術』『チームで解決!理不尽な保護者トラブル対応術』(いずれも学事出版)などがある。2024年10月財務大臣表彰を受彰。

学校に蔓延《はびこ》る奇妙なしきたり

2024年12月19日 第1刷発行

著者 齋藤浩
装幀者 Malpu Design(清水良洋+佐野佳子)
発行者 碇 高明
発行所 株式会社 草思社
〒160-0022 東京都新宿区新宿1-10-1
電話 営業 03(4580)7676 編集 03(4580)7680
本文組版 有限会社 一企画
印刷所 中央精版印刷 株式会社
製本所 大口製本印刷 株式会社

ISBN978-4-7942-2755-3 Printed in Japan 検印省略